Excel 2019
Avançado

Dados Internacionais de Catalogação na Publicação (CIP)
(Simone M. P. Vieira – CRB 8ª/4771)

Sabino, Roberto
    Excel 2019 avançado / Roberto Sabino. – São Paulo :
Editora Senac São Paulo, 2022. – (Série Informática)

    ISBN 978-85-396-3582-5 (impresso/2022)
    e-ISBN 978-85-396-3583-2 (ePub/2022)
    e-ISBN 978-85-396-3584-9 (PDF/2022)

    1. Microsoft Excel (Programa de computador) 2. Microsoft
Excel 2016 avançado (Programa de computador) I. Título.
II. Série

22-1636t   CDD – 005.369
                                        BISAC COM058000

Índice para catálogo sistemático:

1. Microsoft Excel 2019 : Computadores :
                Programas   005.369

Excel 2019
Avançado

Roberto Sabino

Editora Senac São Paulo – São Paulo – 2022

ADMINISTRAÇÃO REGIONAL DO SENAC NO ESTADO DE SÃO PAULO
Presidente do Conselho Regional: Abram Szajman
Diretor do Departamento Regional: Luiz Francisco de A. Salgado
Superintendente Universitário e de Desenvolvimento: Luiz Carlos Dourado

EDITORA SENAC SÃO PAULO
Conselho Editorial: Luiz Francisco de A. Salgado
Luiz Carlos Dourado
Darcio Sayad Maia
Lucila Mara Sbrana Sciotti
Luís Américo Tousi Botelho

Gerente/Publisher: Luís Américo Tousi Botelho
Coordenação Editorial: Verônica Pirani de Oliveira
Prospecção: Andreza Fernandes dos Passos de Paula, Dolores Crisci Manzano, Paloma Marques Santos
Administrativo: Marina P. Alves
Comercial: Aldair Novais Pereira
Comunicação e Eventos: Tania Mayumi Doyama Natal

Edição: Heloisa Hernandez
Coordenação de Revisão de Texto: Marcelo Nardeli
Preparação e revisão de texto: Mariana Cardoso
Coordenação de Arte, Projeto Gráfico e Capa: Antonio Carlos De Angelis
Editoração Eletrônica: Manuela Ribeiro
Impressão e Acabamento: Gráfica CS

Nenhuma parte desta publicação poderá ser reproduzida, guardada pelo sistema "retrieval" ou transmitida de qualquer modo ou por qualquer outro meio, seja este eletrônico, mecânico, de fotocópia, de gravação, ou outros, sem prévia autorização, por escrito, da Editora Senac São Paulo.

Todos os direitos desta edição reservados à
Editora Senac São Paulo
Av. Engenheiro Eusébio Stevaux, 823 – Prédio Editora
Jurubatuba – CEP 04696-000 – São Paulo – SP
Tel. (11) 2187-4450
editora@sp.senac.br
https://www.editorasenacsp.com.br

© Editora Senac São Paulo, 2022

Sumário

Apresentação	9
O que é a Série Informática	11
Estrutura do livro	11
Como baixar o material da Série Informática	11
1 Avançando no uso de funções	13
Recapitulando os fundamentos das funções no Excel	15
A função avançada mais usada: *PROCV*	17
A função de lógica mais usada: *SE*	21
Exercícios propostos	25
2 Funções de pesquisa e referência	27
As funções de pesquisa e referência mais usadas	29
Aninhando funções	31
Combinando as funções de pesquisa e referência	31
Dicas para o uso de funções	32
PROCV ou *PROCH?*	32
A nova função *PROCX*	34
Exercícios propostos	35
3 Funções de matemática e finanças	37
Funções de matemática mais utilizadas	39
Funções de finanças mais utilizadas	45
Combinando funções de matemática e finanças	48
Exercício proposto	50
4 Funções de estatística	53
Funções de estatística mais utilizadas	55
Combinando as funções de estatística	62
Exercícios propostos	68
5 Funções de banco de dados	71
Usando banco de dados em Excel	73
Funções de banco de dados mais utilizadas	74
Combinando funções de banco de dados	80
Exercício proposto	84

6 Trabalhando com dados — 87

Obtendo dados de outras fontes — 89

Interagindo com um banco de dados Access — 95

Conhecendo o editor do *Power Query* — 97

Consultas e conexões — 99

Exercícios propostos — 101

7 Criando *Tabelas Dinâmicas* — 103

O que é *Tabela Dinâmica*? — 105

Criando relatórios com *Tabela Dinâmica* — 105

Atualizando dados e alterando a *Fonte de Dados* — 112

Tabelas Dinâmicas relacionadas — 116

Exercício proposto — 125

8 *Gráficos Dinâmicos* e *Dashboards* — 127

O que é um *Gráfico Dinâmico* — 129

O que é um *Dashboard*? — 129

Montando um *Dashboard* — 130

Segmentação de Dados e *Linhas do Tempo* — 142

Atualizando o *Dashboard* — 144

Exercício proposto — 145

9 Usando métodos de previsão — 147

Tabela de Dados — 149

Atingir Metas — 154

Solver — 155

Exercícios propostos — 160

10 Proteção de planilha e *Validação de Dados* — 163

Protegendo a planilha — 165

O que é *Validação de Dados*? — 169

Montando diferentes tipos de *Validação de Dados* — 171

Exercícios propostos — 175

11 Macros e formulários — 177

O que é *Macro* — 179

Automatizando tarefas com *Macro* — 179

Criando formulários no Excel — 186

Exercícios propostos — 190

12 Colaboração on-line 193

Excel 2019, Excel Online ou Excel 365 195

Como acessar a versão on-line 196

Diferenças entre versões: on-line e desktop 197

Usando o OneDrive 199

Editando com colaboração on-line 201

Excel como ferramenta de desenvolvimento profissional 202

Capítulo Bônus – Dicas e consulta rápida 205

Funções mais utilizadas 207

Resolução dos exercícios propostos 221

Sobre o autor 247

Índice geral 249

Apresentação

O que é a Série Informática

A Série Informática foi criada para que você aprenda informática sozinho, sem professor! Com ela, é possível estudar os softwares mais utilizados pelo mercado, sem dificuldade. O texto de cada volume é complementado por arquivos disponibilizados na web pela Editora Senac São Paulo.

Para dispor do material da série, é necessário ter em mãos o livro, um equipamento que atenda às configurações necessárias e o software a ser estudado.

Neste volume, estruturado com base em atividades que permitem explorar o software passo a passo, são apresentadas informações essenciais para a operação do Microsoft Excel (o conteúdo abordado atende à versão 2019, distinguindo entre a versão vendida separadamente e a de assinatura do Microsoft 365, quando necessário). Você deverá ler com atenção e seguir corretamente todas as instruções. Se encontrar algum problema durante uma atividade, volte ao início e recomece; isso vai ajudá-lo a esclarecer dúvidas e resolver dificuldades.

ESTRUTURA DO LIVRO

Este livro está dividido em capítulos que contêm uma série de atividades práticas e informações teóricas sobre o Microsoft Excel. Para obter o melhor rendimento possível em seu estudo, evitando dúvidas ou erros, é importante que você:

- leia com atenção todos os itens do livro, pois sempre encontrará informações úteis para a execução das atividades;

- conheça e respeite o significado dos símbolos colocados na margem esquerda de determinados parágrafos do texto, pois eles servem para orientar seu estudo;

- faça apenas o que estiver indicado no passo a passo e só execute uma sequência após ter lido a instrução do respectivo item.

COMO BAIXAR O MATERIAL DA SÉRIE INFORMÁTICA

É muito simples utilizar o material da Série Informática. Inicie sempre pelo Capítulo 1, leia atentamente as instruções e execute passo a passo os procedimentos solicitados.

Para a verificação dos exercícios dos capítulos e das atividades propostas, disponibilizamos no site da Editora Senac São Paulo os arquivos compactados contendo o conjunto de pastas referentes aos projetos que serão desenvolvidos ao longo do livro.

1. Para fazer o download, acesse a internet e digite o link:
http://www.editorasenacsp.com.br/informatica/excel2019avanc/planilhas.zip

2. Ao ser exibido em seu navegador, faça o download da pasta com o nome de Planilhas na área de trabalho (ou no local de sua preferência).

3. Descompacte os arquivos.

Bom estudo!

1

Avançando no uso de funções

OBJETIVOS

» Rever os fundamentos das funções no Excel.

» Conhecer as funções, tipos e seus usos.

» Aprender as funções avançadas, iniciando pela mais usada *PROCV*.

» Compreender como utilizar a *PROCV*.

Para acompanhar os exemplos didáticos do capítulo, use a planilha: *Capítulo 1 – Exemplos Didáticos.xlsx*.

Estudar Excel avançado pode parecer desafiador ou difícil, mas, na verdade, é tão somente uma definição para conceitos que precisam de alguma concepção prévia. Será possível ver ao longo do livro que os recursos apresentados não são *mais difíceis*, mas que, por vezes, será necessário apoiar o aprendizado em algum conceito de Excel Básico.

Neste livro, veremos muitas funções e recursos ligados a elas porque é uma das habilidades mais cobradas pelas empresas e no uso diário do Excel.

RECAPITULANDO OS FUNDAMENTOS DAS FUNÇÕES NO EXCEL

Como o Excel 2019 possui centenas de funções diferentes, dificilmente alguém vai conhecer todas elas e decorar suas aplicabilidades, porém saber que elas estão classificadas em categorias nos ajuda a escolher a função adequada ao problema a ser resolvido. Normalmente, os profissionais procuram concentrar-se nas mais básicas e posteriormente agregam novas funções mais apropriadas ao seu ramo de atuação.

Estas são as principais categorias:

Categorias	O que representam
Funções matemáticas e trigonométricas	Funções que facilitam a utilização de cálculos matemáticos, como: *SOMA*; *SOMASE*; *MULT*; *SOMARPRODUTO*; e funções relacionadas à trigonometria, como: *SEN* (seno); *COS* (cosseno); entre outras.
Funções estatísticas	Funções relacionadas a cálculos estatísticos, como: *MÉDIA*; *DESV.MÉDIO*; *MÁXIMO*; *MÍNIMO*; entre outras.
Funções de data e hora	Funções que facilitam o trabalho com informações de tempo, como: *HOJE*; *AGORA*; *DIATRABALHOTOTAL*; *DIA.DA.SEMANA*; entre outras.
Funções de texto	Funções para manipular texto na planilha, como: *CONCAT*; *MAIÚSCULA*; *MINÚSCULA*; *LOCALIZAR*; *SUBSTITUIR*; entre outras.
Funções de pesquisa e referência	Funções que ajudam a localizar informações na planilha e fazer referências entre essas informações ou até mesmo entre planilhas. Esta categoria, assim como a de funções lógicas, contém as funções mais usadas para resolver problemas um pouco mais complexos no mundo corporativo. São de fundamental importância para o desenvolvimento dos profissionais. São exemplos dessas funções: *PROCV*; *ÍNDICE*; *CORRESP*; entre outras.

(cont.)

Categorias	O que representam
Funções lógicas	Esta categoria abrange funções que manipulam valores lógicos, como: *SE*; *OU*; *SEERRO*; entre outras. Assim como as funções de Pesquisa e Referência, são fundamentais para os profissionais que usam Excel em seu trabalho.
Funções financeiras	Esta categoria é um pouco mais específica e ajuda os profissionais que trabalham com cálculos financeiros. Contém funções como: *JUROSACUM*; *VF* (valor futuro); *VP* (valor presente); entre outras.
Funções de banco de dados	São especiais para trabalhar nas planilhas como um banco de dados. Algumas vezes essas funções são similares à de outras categorias, como: *BDSOMA*; *BDMÉDIA*; entre outras.

O primeiro ponto a ser destacado é que podem existir algumas diferenças sutis no uso de funções, dependendo do idioma do seu Excel 2019. As aplicações mostradas neste livro serão baseadas na versão do Office 2019 em português (BR).

Recapitulando as informações básicas

As funções são fórmulas (iniciadas pelo sinal de igual) especiais que retornam valores específicos, ou seja, fazem operações definidas que atuam sobre os valores das planilhas conforme fornecemos os parâmetros.

Toda função contém dois elementos: o nome e os argumentos, que são exibidos entre parênteses. Elas podem ser digitadas diretamente na barra de funções:

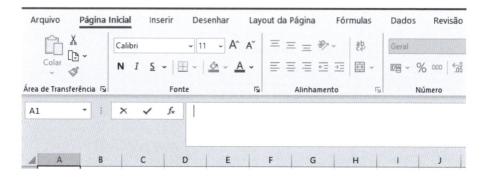

As funções podem ser inseridas por meio da guia *Inserir função*:

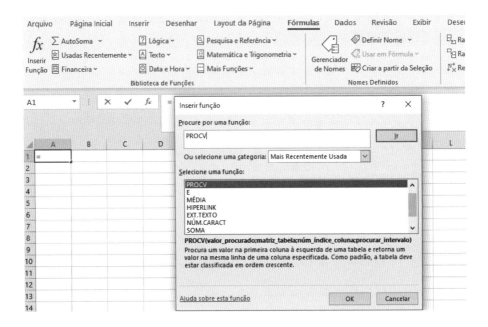

A função avançada mais usada: PROCV

Em todas as turmas de Excel Avançado para as quais ministrei aula, costumo perguntar qual o principal conhecimento que o aluno busca, e PROCV sempre foi a resposta mais recorrente.

A *PROCV* é uma função para pesquisa ordenada, baseada na correlação entre as informações de linhas e colunas de uma planilha. Para utilizar a *PROCV*, faremos uma pesquisa por um valor (numérico ou texto) dentro de um conjunto de valores (matriz) para que ela nos retorne um valor correspondente localizado na mesma matriz.

Para entender melhor o funcionamento da *PROCV* devemos responder basicamente a três questões: *Procurar o quê? Procurar onde? Procurar como?*

A resposta a essas questões estão em *Argumentos da função PROCV,* conforme a imagem seguinte:

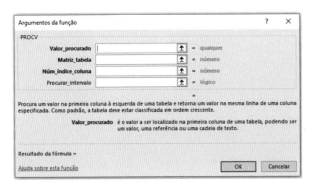

Avançando no uso de funções – 17

PROCV – Estrutura

Procura um valor na primeira coluna à esquerda de uma tabela e retorna um valor na mesma linha de uma coluna especificada. Como padrão, a tabela deve estar classificada em ordem crescente.

Procurar o quê?	*Valor_ procurado*	É o valor a ser localizado na primeira coluna de uma tabela, podendo ser um valor, uma referência ou uma cadeia de texto.
Procurar onde?	*Matriz_ tabela*	É uma tabela de texto, números ou valores lógicos cujos dados são recuperados. *Matriz_tabela* pode ser uma referência a um intervalo ou a um nome de intervalo.
Retornar como?	*Num_ índice_ coluna*	É o número da coluna em *Matriz_tabela* a partir do qual o valor correspondente deve ser retornado. A primeira coluna de valores na tabela é a coluna *1*.
Tipo de procura?	*Procurar_ intervalo*	É um valor lógico: para encontrar a correspondência mais próxima na primeira coluna (classificada em ordem crescente) = *VERDADEIRO* ou não especificado. Para encontrar a correspondência exata = *FALSO*.

Sintaxe:

PROCV(valor_procurado;matriz_tabela;Num_índice_coluna;Procurar_intervalo)

Procurando na tabela de CEP

Temos na planilha *Entregas por CEP* uma tabela que representa o Código de Endereçamento Postal (CEP) de várias cidades brasileiras, na qual podemos pesquisar informações relacionadas às cidades, estados e regiões e os valores cobrados.

Nesse exemplo, desejamos enviar correspondências, ou materiais para uma dessas cidades e, portanto, é necessário consultar qual o CEP ou o valor que será cobrado pelo envio. Além disso, usaremos as funções de pesquisa e referência para perceber uma das grandes vantagens delas que é localizar, dentro de uma *vasta lista de informações*, identificando somente aquela de que necessitamos, minimizando o trabalho e tendo maior precisão.

Entregas por CEP

	A	B	C	D	E	F
1	Cidade	Estado	Região Brasil	Região CORREIO	Faixa de CEP	Preço
2	São Paulo	SP	Sudeste	SP Capital	1000000 a 5999999	
3	São Paulo	SP	Sudeste	SP Capital	8000000 a 8499999	
4	São Paulo	SP	Sudeste	SP Área Metropolitana	6000000 a 9999999	R$ 18,00
5	São Paulo	SP	Sudeste	SP Litoral	11000000 a 11999999	
6	São Paulo	SP	Sudeste	SP Interior	12000000 a 19999999	
7	São Paulo	SP	Sudeste	SP Espectro	1000000 a 19999999	
8	Rio de Janeiro	RJ	Sudeste	RJ Capital	20000000 a 23799999	
9	Rio de Janeiro	RJ	Sudeste	RJ Área Metropolitana	20000000 a 26600999	R$ 19,50
10	Rio de Janeiro	RJ	Sudeste	RJ Interior	26601000 a 28999999	
11	Rio de Janeiro	RJ	Sudeste	RJ Espectro	20000000 a 28999999	
12	Vitória	ES	Sudeste	Vitória	29000 a 29099999	
13	Vitória	ES	Sudeste	ES Interior	29100000 a 29999999	R$ 19,95
14	Vitória	ES	Sudeste	ES Espectro	29000000 a 29999999	
15	Belo Horizonte	MG	Sudeste	Belo Horizonte	30000000 a 31999999	
16	Belo Horizonte	MG	Sudeste	MG Região Metropolitana	30000000 a 34999999	R$ 20,40
17	Belo Horizonte	MG	Sudeste	MG Interior	35000000 a 39999999	
18	Belo Horizonte	MG	Sudeste	MG Espectro	30000000 a 39999999	

Consulta Valor.

	A	B	C	D
1				
2		Cidade	Preço $	
3		Rio de Janeiro		
4				

Para começar a função *PROCV* a partir da planilha *Consulta Valor*, precisamos obter o preço para o envio da correspondência que está na planilha *Entregas por CEP*. Na célula *C3* da *Consulta Valor* devemos localizar qual o preço para a cidade do Rio de Janeiro (que está na célula *B3)*. Então já temos as respostas sobre procurar o quê, onde e como. Portanto, a sintaxe fica assim:

PROCV(valor_procurado;matriz_tabela;Num_índice_coluna;Procurar_intervalo)

Sintaxe:

PROCV(B3;'Entregas por CEP'!A1:F18;6;FALSO)

Essa sintaxe pode ser digitada diretamente na célula *C3* da *Consulta Valor* ou pelos seguintes passos:

1. Abra a pasta de trabalho *Capítulo 1 – Exemplos Didáticos.xlsx*, clique na planilha *Consulta Valor*.
2. Selecione a célula *C3*.
3. Na guia *Fórmulas*, clique em *Inserir função*.
4. Na caixa de diálogo *Inserir função*, escolha:

   (1) Categoria *Pesquisa e Referência*;

   (2) Selecione a função *PROCV*.
5. Clique em *OK*.

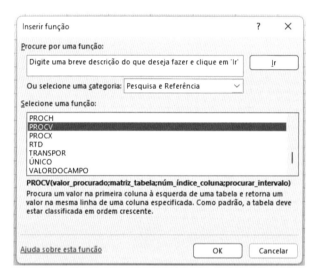

6. Em seguida, vamos preencher a caixa de diálogo os *Argumentos da função PROCV*.
7. *Valor_procurado*: esse é o valor da *Consulta Valor* que usaremos para localizar o valor correspondente a *Entregas por CEP*. Nesse caso, a *Cidade* que está na célula *C3*. Portanto, devemos preencher *C3* nesse campo.
8. *Matriz_tabela*: esse é o argumento que define *onde* devemos procurar a correspondência do *Valor_procurado*. Nesse caso, será o intervalo *A1:F18* da *Entregas por CEP*. Digite nesse campo: 'Entregas por CEP'!A1:F18.
9. *Núm_índice_coluna*: quantidade de colunas para a direita que queremos deslocar na planilha *Entregas por CEP*, depois de achar o *Valor_procurado*. Como estamos buscando o preço que está na coluna *F*, temos que deslocar seis colunas para a direita (isso porque a primeira coluna também conta: se colocarmos *1*, o Excel retornará ao próprio valor procurado). Digite nesse campo: *6*.

10. *Procurar_intervalo*: Preencheremos *FALSO* para fazer a pesquisa da *Correspondência exata*.

11. Clicar *OK* na caixa de diálogo.

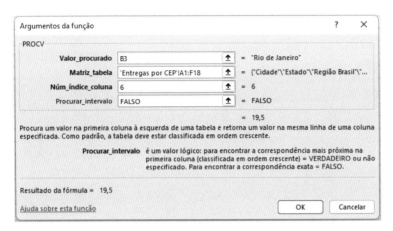

 DICA: Para garantir o funcionamento da *PROCV*, a primeira coluna da *Matriz_tabela* deve ser a que contém o *Valor_procurado*. Além disso, o formato de escrita do valor procurado deve ser *idêntico* nas duas planilhas.

A FUNÇÃO DE LÓGICA MAIS USADA: *SE*

Dominando exclusivamente as funções *PROCV* e *SE* já é possível ter boas soluções para os principais problemas encontrados no dia a dia de uma rotina básica de escritório. A *SE* é uma função de lógica que permite *gerar resultados* distintos para situações diversas.

Os parâmetros e o formato de uso da função *SE* são bem mais simples que os da *PROCV*, mas entender seu real valor pode ser um pouco mais complexo. A seguir, há alguns exemplos de situações típicas em que se pode usar a função *SE*:

- colocar o texto *Aprovado* em uma célula se o valor da nota final de um aluno for maior ou igual a *7,0*;
- fazer uma conta de divisão (e apresentar o resultado) apenas se o valor do divisor for maior que *0*;
- emitir um alerta de estoque se a quantidade de produtos estiver abaixo do estoque mínimo.

Essas e outras tantas situações comuns da nossa rotina podem ser resolvidas com o uso da função *SE*. Para ilustrar, vamos resolver o caso da seguinte planilha:

	Nome do Aluno	Word	Excel	PowerPoint	Média	Conceito Final
	Notas dos Cursos do SENAC					
3	Nome do Aluno	Word	Excel	PowerPoint	Média	Conceito Final
4	Anselmo	7,0	6,7	8,0	7,2	
5	Davi	N/A	7,5	9,0	8,3	
6	Edmundo	6,5	6,2	5,0	5,9	
7	Estevan	9,0	8,6	7,5	8,4	
8	Gabriel	8,0	7,6	9,0	8,2	
9	Léia	6,0	N/A	10,0	8,0	
10	Leonardo	10,0	9,5	7,0	8,8	
11	Regina	7,0	6,7	8,0	7,2	
12	Ricardo	9,5	9,0	N/A	9,3	
13	Rita	6,0	7,0	8,0	7,0	
14	Eliel	6,0	5,0	9,5	6,8	

Vamos criar uma função que *defina* o conceito final de cada aluno, como *Aprovado* ou *Reprovado*, baseado em uma nota de corte igual a *7,0*, ou seja, todos os alunos que obtiveram nota igual ou maior que essa estão aprovados; os demais, reprovados.

Ao usar a função *SE*, é importante entender que, pela lógica, devem ser feitas perguntas no formato de *Teste lógico*, e não no formato *Aberto*. Nesse caso, a questão não pode ser "Qual a nota do aluno?", mas, sim, uma dessas duas:

- A nota do aluno é maior ou igual a *7,0* (*nota >= 7*)?

- A nota do aluno é menor que *7,0* (*nota < 7*)?

Observe que as duas perguntas possíveis são exatamente opostas e, para cada uma delas, as respostas serão tratadas de uma maneira específica. Para criar a função *SE* adequada, iniciaremos na célula *G4* e utilizaremos a média como parâmetro de comparação com a nota de corte (*7,0* nesse exemplo).

Optamos por fazer a pergunta: "A nota do aluno é maior ou igual a *7,0*?", que na função *SE* ficaria assim (já com as possíveis respostas):

=SE(F4>=7; "Aprovado"; "Reprovado")

Observe que, como iremos *arrastar* a fórmula para as demais células, a referência para a célula da média *F4* não está travada (referência relativa). Aplicando essa fórmula e arrastando-a para as demais linhas, teremos:

	Nome do Aluno	Word	Excel	PowerPoint	Média	Conceito Final
	Notas dos Cursos do SENAC					
3	Nome do Aluno	Word	Excel	PowerPoint	Média	Conceito Final
4	Anselmo	7,0	6,7	8,0	7,2	Aprovado
5	Davi	N/A	7,5	9,0	8,3	Aprovado
6	Edmundo	6,5	6,2	5,0	5,9	Reprovado
7	Estevan	9,0	8,6	7,5	8,4	Aprovado
8	Gabriel	8,0	7,6	9,0	8,2	Aprovado
9	Léia	6,0	N/A	10,0	8,0	Aprovado
10	Leonardo	10,0	9,5	7,0	8,8	Aprovado
11	Regina	7,0	6,7	8,0	7,2	Aprovado
12	Ricardo	9,5	9,0	N/A	9,3	Aprovado
13	Rita	6,0	7,0	8,0	7,0	Aprovado
14	Eliel	6,0	5,0	9,5	6,8	Reprovado

OBSERVE: Os alunos com nota igual a *7,0* são considerados *Aprovados*. Note também que o uso das aspas é exclusivo para *texto*. Se o resultado fosse um número, não deveríamos usar as aspas como em *Aprovado* ou *Reprovado*, na função *SE*.

Criando funções mais flexíveis

O que aconteceria se a escola decidisse mudar a nota de corte de *7,0* para *5,0*? O que teríamos de mudar na fórmula?

Quando montamos uma função com um valor fixo (como é o caso da função *SE* com o valor *7*) no teste lógico, em caso de necessidade de alteração, teremos de alterar todas as funções. Por isso, o recomendado é usar referências a células sempre que possível.

Para a nossa planilha, criaremos uma célula em que estará a *Nota para Aprovação* (nota de corte), como a célula *I4* na imagem a seguir.

	A	B	C	D	E	F	G	H	I
1				Notas dos Cursos do SENAC					Nota para Aprovação
2									
3		Nome do Aluno	Word	Excel	PowerPoint	Média	Conceito Final		
4		Anselmo	7,0	6,7	8,0	7,2	Aprovado		7,0
5		Davi	N/A	7,5	9,0	8,3	Aprovado		
6		Edmundo	6,5	6,2	5,0	5,9	Reprovado		
7		Estevan	9,0	8,6	7,5	8,4	Aprovado		
8		Gabriel	8,0	7,6	9,0	8,2	Aprovado		
9		Léia	6,0	N/A	10,0	8,0	Aprovado		
10		Leonardo	10,0	9,5	7,0	8,8	Aprovado		
11		Regina	7,0	6,7	8,0	7,2	Aprovado		
12		Ricardo	9,5	9,0	N/A	9,3	Aprovado		
13		Rita	6,0	7,0	8,0	7,0	Aprovado		
14		Eliel	6,0	5,0	9,5	6,8	Reprovado		

Como a nota estará na mesma célula (neste caso *I4*) em todas as linhas da função *SE*, é muito importante usar a referência absoluta (travar a célula na fórmula) inserindo o símbolo *$*.

Criando novamente a função na célula *G4* (*e depois arrastando para as demais linhas*), teríamos:

=SE(F4>=$I$4; "Aprovado"; "Reprovado")

Essa função retorna *exatamente* o mesmo resultado da anterior, contudo uma possível mudança na nota de corte exige alteração apenas no valor da célula *I4*, e não na função.

Alterando-se a nota de corte para *5,0*, todos os alunos seriam *Aprovados*:

	A	B	C	D	E	F	G	H	I
1		**Notas dos Cursos do SENAC**							**Nota para Aprovação**
2		
3		Nome do Aluno	Word	Excel	PowerPoint	Média	Conceito Final		
4		Anselmo	7,0	6,7	8,0	7,2	Aprovado		5,0
5		Davi	N/A	7,5	9,0	8,3	Aprovado		
6		Edmundo	6,5	6,2	5,0	5,9	Aprovado		
7		Estevan	9,0	8,6	7,5	8,4	Aprovado		
8		Gabriel	8,0	7,6	9,0	8,2	Aprovado		
9		Léia	6,0	N/A	10,0	8,0	Aprovado		
10		Leonardo	10,0	9,5	7,0	8,8	Aprovado		
11		Regina	7,0	6,7	8,0	7,2	Aprovado		
12		Ricardo	9,5	9,0	N/A	9,3	Aprovado		
13		Rita	6,0	7,0	8,0	7,0	Aprovado		
14		Eliel	6,0	5,0	9,5	6,8	Aprovado		

LEMBRE-SE: Usar referências às células em vez de valores fixos em fórmulas e funções deixa seus cálculos muito mais flexíveis e fáceis de atualizar.

Exercícios propostos
(Resolução no final do livro)

Exercício 1

Utilizando a planilha *Entregas por CEP*, faça uma procura para mostrar qual é a *Faixa de CEP* para a *Região CORREIO* de *SP Litoral*, montando uma estrutura cuja função retorne à *Faixa de CEP* para cada vez em que o usuário digitar a região.

Exercício 2

A partir do exercício anterior, vamos procurar a *Faixa de CEP* para a *Região SP Capital*. Faça a seguinte discussão: Qual a limitação da *PROCV* nesse caso?

Exercício 3

Fiz uma *PROCV* para localizar *SP area metropolitana* e retornou o seguinte erro: *#N/D*. Comente por quê.

Anotações

2

Funções de pesquisa e referência

OBJETIVOS

» Conhecer diferentes tipos de funções avançadas e como aplicá-las.

» Saber as funções de pesquisa e referência mais usadas.

» Aninhar funções.

» Pesquisar dados e fazer referências com exemplos práticos.

» Compreender como resolver as limitações da *PROCV*.

» Conhecer a nova função *PROCX*.

» Assimilar a função *BDExtrair*.

Para acompanhar os exemplos didáticos do capítulo, use a planilha: *Capítulo 2 – Exemplos Didáticos.xlsx*.

Como vimos no capítulo 1, "Avançando no uso de funções", aprofundar o entendimento sobre funções é importante para o aprendizado, uma vez que é um recurso muito utilizado e que pode ampliar bastante a efetividade das planilhas que criamos. As funções de pesquisa e referência são fundamentais para a manipulação e análise de dados, bem como para a composição de planilhas mais *inteligentes*.

AS FUNÇÕES DE PESQUISA E REFERÊNCIA MAIS USADAS

São várias as funções de pesquisa e referência à disposição no Excel 2019; a melhor maneira de conhecer todas é pelo uso cotidiano, adaptando-as (ou aninhando-as) conforme a necessidade de cada um. Trouxemos aqui as funções que são mais comumente utilizadas pelos usuários do Excel e mais habituais a eles, mas podemos ampliar esse conhecimento pesquisando e buscando novas formas de resolver os problemas que temos no dia a dia.

A função PROCH

A função *PROCH* é uma variante da *PROCV*, porém ela é utilizada nas pesquisas horizontais e segue o funcionamento idêntico quanto à sintaxe e aos argumentos.

Vamos usar como exemplo uma planilha com distâncias entre algumas cidades; para facilitar o entendimento, reduzimos a quantidade de linhas e colunas.

	A	B	C	D	E	F	G	H	I	J	K	L	M	N
1	QUADRO DE DISTÂNCIAS RODOVIÁRIAS ENTRE AS PRINCIPAIS CIDADES BRASILEIRAS													
2	DNIT - Departamento nacional de infraestrutura de transportes	ARACAJU	BELÉM	BELO HORIZONTE	BOA VISTA	BRASÍLIA	CAMPINAS	CAMPO GRANDE	CAXIAS DO SUL	CUIABÁ	CURITIBA	FEIRA DE SANTANA	FLORIANÓPOLIS	FORTALEZA
3	AMERICANA	2216	2808	595	4633	887	42	979	1084	1489	510	1855	807	3076
4	ANÁPOLIS	1885	1964	870	4123	160	882	982	1767	981	1233	1563	1540	2433
5	ARACAJU		2079	1578	6000	1652	2182	2765	3169	2775	2595	322	2892	1183
6	ARAÇATUBA	2330	2662	854	4487	854	456	490	1187	1343	653	2120	960	3127
7	ARARAQUARA	2188	2657	606	4480	788	191	875	1118	1338	584	1867	891	3071
8	BAGÉ	3681	4182	2097	5585	2355	1608	1755	479	2443	1096	3359	861	4627
9	BARRETOS	2086	2501	630	4324	693	344	814	1302	1182	768	1763	1075	2966
10	BARBACENA	1755	2985	169	4894	883	547	1457	1524	1752	950	1434	1247	2706
11	BARREIRAS	1089	2078	1352	4911	648	1557	1770	2536	1769	2002	767	2309	1737
12	BAURU	2312	2727	731	4550	919	269	680	1069	1408	535	1988	842	3186

Imaginemos que precisamos localizar a distância entre *Campinas* e *Barretos*. Observe que a primeira está na lista das colunas, e uma das formas de encontrar a distância seria percorrer a lista de forma *horizontal*. Observe também que a outra cidade, Barretos, está localizada oito linhas abaixo. Assim, seria possível fazer a localização com a seguinte sintaxe da *PROCH*:

PROCH(valor_procurado; matriz_tabela; Num_índice_linha; Procurar_Intervalo)

Função a ser usada:

PROCH("CAMPINAS"; A2:N12 ; 8; FALSO)

O valor encontrado será 344.

Observe que, embora seja possível fazer dessa forma, a PROCH só consegue pesquisar uma das cidades; a outra é dada pelo número de linhas de deslocamento, que nesse caso é um número fixo. Com isso, seria melhor aprender a usar outras funções para relacionar duas cidades e achar a distância entre elas.

A função CORRESP

Utilizando o mesmo exemplo da tabela de distâncias entre as cidades brasileiras, vamos aproveitar para observar e entender a função CORRESP. Naquele exemplo, usamos o número 8 de maneira fixa para representar a cidade de Barretos, mas nenhuma função foi utilizada para encontrar esse número 8. Imagine agora se não soubéssemos a linha em que está localizada a cidade que desejamos, ou se quiséssemos criar uma função que servisse para qualquer local. Para isso, podemos usar a função CORRESP que retorna exatamente a *posição correspondente*, no caso da cidade procurada. A sintaxe da função CORRESP é a seguinte:

CORRESP(valor_procurado; matriz_procurada; tipo_correspondência)

Função a ser usada:

CORRESP("BARRETOS"; A2:A12 ; 0)

O valor encontrado será 8.

A sintaxe da CORRESP pode ser bem parecida com a PROCV e PROCH, mas é necessário ressaltar que essa função deve ser usada em uma única linha ou coluna para que retorne um resultado válido.

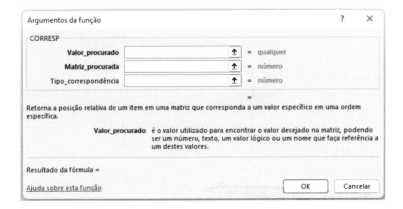

Observe que nesse caso a função *CORRESP* poderia ser usada em conjunto com a função *PROCH* para procurar a distância entre duas cidades quaisquer. Esse uso de duas funções em conjunto para retornar um valor, quando uma função fica *dentro* da outra, pode ser chamado de *Funções aninhadas*.

ANINHANDO FUNÇÕES

Na prática, aninhar funções significa dizer que usaremos uma função como um dos argumentos da outra, de maneira que o Excel resolverá as funções internas antes da externa.

Vamos criar novamente a função para localizar a distância entre *Barretos* e *Campinas*, mas agora, em vez de usar número fixo de linhas, podemos combinar a *PROCH* e a *CORRESP* (lembrando que essa é apenas uma das opções).

COMBINANDO AS FUNÇÕES DE PESQUISA E REFERÊNCIA

A primeira coisa a fazer no momento de combinar duas funções é identificar em qual ordem devemos usá-las. Nesse caso teremos uma função *dentro* para localizar a linha onde está a cidade 1 (*Barretos*) e uma função de *fora* para localizar a cidade 2 (*Campinas*).

	A	B	C	D	E	F	G	H	I	J	K	L	M	N
1	QUADRO DE DISTÂNCIAS RODOVIÁRIAS ENTRE AS PRINCIPAIS CIDADES BRASILEIRAS													
2	DNIT - Departamento nacional de infraestrutura de transportes	ARACAJU	BELÉM	BELO HORIZONTE	BOA VISTA	BRASÍLIA	CAMPINAS	CAMPO GRANDE	CAXIAS DO SUL	CUIABÁ	CURITIBA	FEIRA DE SANTANA	FLORIANÓPOLIS	FORTALEZA
3	AMERICANA	2216	2808	595	4633	887	42	979	1084	1489	510	1855	807	3076
4	ANÁPOLIS	1885	1964	870	4123	160	882	982	1767	981	1233	1563	1540	2433
5	ARACAJU		2079	1578	6000	1652	2182	2765	3169	2775	2595	322	2892	1183
6	ARAÇATUBA	2330	2662	854	4487	854	456	490	1187	1343	653	2120	960	3127
7	ARARAQUARA	2188	2657	606	4480	788	191	875	1118	1338	584	1867	891	3071
8	BAGÉ	3681	4182	2097	5585	2355	1608	1755	479	2443	1096	3359	861	4627
9	BARRETOS	2086	2501	630	4324	693	344	814	1302	1182	768	1763	1075	2966
10	BARBACENA	1755	2985	169	4894	883	547	1457	1524	1752	950	1434	1247	2706
11	BARREIRAS	1089	2078	1352	4911	648	1557	1770	2536	1769	2002	767	2309	1737
12	BAURU	2312	2727	731	4550	919	269	680	1069	1408	535	1988	842	3186

Observe com atenção como a combinação das funções pode ajudar:

Função a ser usada:

PROCH("CAMPINAS"; A2:N12; **CORRESP("BARRETOS"; A2:A12 ;o)**; *FALSO)*

O valor encontrado será *344*.

Compare com as duas *PROCH's* que usamos até agora:

=PROCH("BOA VISTA"; A2:N12; **CORRESP("ARARAQUARA"; A2:A12; o)**; *FALSO)*

=PROCH("CAMPINAS"; A2:N12 ; **8**; *FALSO)*

É possível perceber que, com a inclusão de uma *CORRESP* dentro da *PROCH*, criamos a possibilidade de fazer uma procura em duas dimensões. Não temos mais agora o número 8 fixo, mas, sim, o retorno de outra função *CORRESP* que pode ser usado para localizar qualquer cidade que esteja nas linhas.

Dicas para o uso de funções

Ao observar atentamente essa função que criamos, é possível verificar alguns detalhes que podem ser melhorados de maneira a facilitar nosso trabalho.

Uso de parâmetros fixos

Quando escrevemos o nome da cidade diretamente dentro da função, a *engessamos*, e ela será sempre usada para localizar a mesma cidade. Ou, no momento de procurar outras cidades, será necessário mudar a função. Por isso, é sempre mais recomendado usar referências em vez de colocar os nomes procurados diretamente na função.

Vamos alterar a planilha para digitarmos os nomes das cidades a serem procuradas nas células *A15* e *A16* (apenas como exemplo) e mudar a função para:

=PROCH(**A15**; A2:N12; CORRESP(**A16**; A2:A12; 0); FALSO)

Usar referências absolutas nos intervalos de matriz

Ao usar uma função de pesquisa e referência, é bem comum copiá-la para outras células de planilhas posteriormente. Para facilitar essa cópia, na grande maioria das vezes, é melhor usar referências absolutas nas matrizes para que ela não prejudique o funcionamento da função. Na dúvida, mantenha a referência absoluta nas matrizes da *PROCH* (ou da *PROCV*) e da *CORRESP*. A função ficaria:

=PROCH(A15; **$A$2:$N$12**; CORRESP(A16; **$A$2:$A$12**; 0); FALSO)

PROCV ou PROCH?

Seria possível usar *PROCV* no exemplo anterior? Qual é a diferença? Qual é melhor?

Sim, seria possível usar a *PROCV* no exemplo anterior e a diferença é a necessidade de trocar por cada uma das funções a cidade que está sendo procurada. Como a *PROCV* faz uma busca *vertical*, seria necessário usá-la para localizar *Araraquara* em vez de *Campinas*. Desse modo, também precisaria alterar a *CORRESP* que passaria a localizar, então, *Campinas*. A função ficaria assim:

=PROCV(A16; **$A$2:$N$12**; CORRESP(A15; **$A$2:$N$2**; 0); FALSO)

Observe que a sintaxe é exatamente a mesma, embora as cidades (representadas pelas células *A15* e *A16*) tenham sido alteradas.

Assim, qual é a melhor escolha, *PROCV* ou *PROCH*?

Embora a rigor não haja diferença significativa no uso de uma ou de outra, a maioria dos usuários de Excel utiliza com mais frequência a *PROCV*, que é muito mais conhecida. Dessa forma, se tiver de optar por uma ou outra, pode ser melhor usar a *PROCV* pelo fato de a construção intuitiva das tabelas ser frequentemente estruturada na vertical.

> Para os usuários que tenham a versão mais atualizada do Excel ou sejam assinantes do Office 365, pode ser mais interessante usar a nova função *PROCX* (teremos um item específico ao final deste capítulo para estudar essa função mais em detalhes).

A função ÍNDICE

A busca bidimensional que fizemos usando *PROCH* + *CORRESP*, pode ser ainda mais fácil se adotarmos a função *ÍNDICE* no lugar da *PROCH* e duas funções *CORRESP*. Lembre-se de que existem várias formas de se fazer a mesma procura e você pode escolher a melhor para o seu caso específico.

A função *ÍNDICE* tem duas formas diferentes de uso, que são definidas pelos parâmetros que são passados para a função. Usaremos a função que recebe uma matriz e duas coordenadas, a linha e a coluna. A sintaxe fica assim:

ÍNDICE(Matriz; Núm_Linha; Núm_Coluna)

Se substituirmos as coordenadas da linha e da coluna por duas funções *CORRESP*, juntando cada uma das que fizemos com a *PROCV* e com a *PROCH*, teremos uma função que também pode devolver a distância entre duas cidades quaisquer (desde que uma esteja nas linhas e outra nas colunas).

Vamos analisar as duas *CORRESPs* que fizemos:

Para procurar nas linhas: =CORRESP(A16; $A$2:$A$12; 0)

Para procurar nas colunas: =CORRESP(A15; $A$2:$N$2; 0)

Agora vamos usar as mesmas funções para definir a linha e a coluna da procura usando *ÍNDICE*:

Função a ser usada:

ÍNDICE($A$2:$N$12; CORRESP(A16; $A$2:$A$12; 0); CORRESP(A15; $A$2:$N$2; 0))

O valor encontrado será *4480*.

Neste exemplo, usamos uma *CORRESP* para devolver o *número da linha* onde está a cidade que procuramos:

*ÍNDICE($A$2:$N$12; **CORRESP(A16; $A$2:$A$12; 0)**; CORRESP(A15; $A$2:$N$2; 0))*

Outra *CORRESP* para procurar o *número da coluna* da segunda cidade:

*ÍNDICE($A$2:$N$12; CORRESP(A16; $A$2:$A$12; 0); **CORRESP(A15; $A$2:$N$2; 0)**)*

E a função *ÍNDICE* aponta para a *Matriz* completa em que os dados devem ser procurados:

*ÍNDICE(**$A$2:$N$12**; CORRESP(A16; $A$2:$A$12; 0); **CORRESP(A15; $A$2:$N$2; 0)**)*

Embora tenhamos usado três funções, o raciocínio costuma ser mais simples e, depois de um pouco de prática, funciona até mais fácil que a *PROCH* (ou *PROCV*) com *CORRESP*.

A NOVA FUNÇÃO *PROCX*

Mais recentemente, na versão 2019, o Excel ganhou uma nova função que promete substituir a *PROCH* e a *PROCV* com algumas vantagens: a *PROCX*, que pode fazer tanto a pesquisa horizontal (*PROCH*) quanto a vertical (*PROCV*). Com essa função, é possível fazer as procuras *bidimensionais* usando uma *PROCX* dentro da outra.

A seguir, analisamos as principais diferenças entre a *PROCV* (ou *PROCH*) e a *PROCX*, e listamos os principais pontos de vantagens desta:

1. Em vez de usar um *ÍNDICE* para localizar o dado que deve ser retornado, a *PROCX* utiliza um intervalo para o valor a ser pesquisado e um outro para mostrar o valor que deve ser retornado, facilitando a busca e tirando uma limitação que as duas anteriores têm quanto ao posicionamento dos dados a serem pesquisados.

2. Possibilidade de retornar um valor personalizado quando a procura não retorna um valor válido, em vez de apresentar erro. Nas funções anteriores, era preciso usar uma função *SEERRO* associada para fazer esse retorno personalizado.

3. Maior flexibilidade para definir o modo de correspondência da pesquisa.

4. Permite definir o modo de pesquisa, começando do primeiro para o último, ou vice-versa.

5. Consegue retornar vários valores em uma única pesquisa, sem necessidade de procedimento especial na função.

6. Possibilidade de fazer procura bidimensional usando duas funções *PROCX*, uma aninhada à outra.

A seguir, há um exemplo simples em uma planilha de pesquisa para mostrar com exercícios resolvidos alguns dos pontos destacados na lista anterior, comparando-os com o uso da *PROCV*.

Exercícios propostos
(Resolução no final do livro)

Para fazer os exercícios seguintes, na pasta com os arquivos do livro, utilize a planilha: *Capítulo 2 – Exemplos Didáticos.xlsx*.

	A	B	C	D	E	F	G	H
1	Faixas de Peso (g)				Preço (R$)		Peso em (g)	Preço (R$)
2	Desde	1	até	20	R$ 2,05		2	R$ 2,05
3	Mais de	20	até	50	R$ 2,85			
4	Mais de	50	até	100	R$ 3,95			
5	Mais de	100	até	150	R$ 4,80			
6	Mais de	150	até	200	R$ 5,65			
7	Mais de	200	até	250	R$ 6,55			
8	Mais de	250	até	300	R$ 7,50			
9	Mais de	300	até	350	R$ 8,35			
10	Mais de	350	até	400	R$ 9,25			
11	Mais de	400	até	450	R$ 10,10			
12	Mais de	450	até	500	R$ 11,00			

 DICA: Se seu Excel não estiver atualizado com a função *PROCX*, acesse https://office.com/ e utilize a versão on-line do Excel que possibilita o uso dessa função. O acesso é gratuito, basta usar uma conta Microsoft ou criar uma na própria página do Office. (Veja mais detalhes no capítulo 12, "Colaboração on-line".)

Exercício 1 – Usando *intervalo* de resposta em vez de *Índice_Coluna*

Crie uma função que devolva o preço em reais de um item com *exatamente* 1 g usando a *PROCV*. Em seguida, faça a mesma função usando *PROCX* e compare a sintaxe das duas funções.

Exercício 2 – Tratando erros de busca

Crie um tratamento de erro para o caso de um usuário digitar um valor igual ou menor que zero, usando *PROCV* e *PROCX*.

Exercício 3 – Alterando o modo de busca

Note que a procura nesta tabela deve ser *aproximada*, de maneira que o preço seja retornado pela faixa em que se encontra. Tanto a *PROCV* quanto a *PROCX* podem fazer busca aproximada, mas a *PROCX* consegue executá-la com maior flexibilidade.

Altere a planilha de maneira que fique apenas com o limite máximo de peso de cada faixa e, em seguida, crie uma busca comparando o peso com o limite máximo da faixa.

Anotações

3

Funções de matemática e finanças

OBJETIVOS

» Relembrar as principais funções matemáticas básicas: *SOMA, MULT, SUBTOTAL.*

» Conhecer as funções matemáticas de somas: *SOMASE, SOMASES* e *SOMARPRODUTO.*

» Criar números aleatórios com: *ALEATÓRIOENTRE* e *ALEATÓRIO.*

» Entender o uso das funções financeiras: *VF, VP, PGTO, NPER.*

Para acompanhar os exemplos didáticos do capítulo, use a planilha: *Capítulo 3 – Exemplos Didáticos.xlsx.*

As funções matemáticas provavelmente são as mais utilizadas no dia a dia, mas nem sempre sabemos usar as mais adequadas, e esse conhecimento pode ajudar a aumentar a nossa produtividade. As funções avançadas dispensam a necessidade de *aninhar* uma porção de funções para atingir um objetivo específico.

Além das funções matemáticas, podemos usar as financeiras para resolver dúvidas comuns em nossas planilhas, como: qual o valor de uma parcela na compra de um produto ou qual deveria ser o valor deste produto se eu pagar à vista?

Funções de matemática mais utilizadas

No livro *Excel 2019* (Básico), trabalhamos com algumas funções matemáticas mais básicas, como *SOMA* e *SUBTOTAL*. Mas, em algumas situações, teremos de aninhar condições a essa *SOMA* ou fazer outros cálculos *embutidos* para obter o resultado desejado. A seguir, vamos analisar alguns exemplos e verificar o uso mais avançado dessas funções.

SOMASE – *Criando uma* soma *com uma condição*

Luciano deseja fazer uma planilha simples, organizada por datas, para acompanhar os gastos que tem nos dias em que está trabalhando. Depois de criá-la, surgiu uma dúvida: Como efetuar a *soma* dos gastos por *Tipo de Gasto* ou por *Estabelecimento*?

	A	B	C	D	E	F	G
1	Data	Tipo de Gasto	Estabelecimento	Valor			
2	4/10	Almoço	Padaria Uno	R$ 27,80			
3	4/10	Café	Cafeteria Xis	R$ 5,25			
4	4/10	Analgésico	Farmácia da Esquina	R$ 8,50		Almoço	R$???
5	5/10	Almoço	Churrascaria Boi Bravo	R$ 49,50		Cafeteria Xis	R$???
6	5/10	Café	Cafeteria Xis	R$ 6,20		Padaria Uno	R$???
7	6/10	Almoço	Padaria Uno	R$ 25,30			
8	7/10	Almoço	Padaria Uno	R$ 29,30			
9	7/10	Café	Padaria Uno	R$ 8,30			

Observe que Luciano quer saber quanto gastou no total de *Almoço*, que é um *Tipo de Gasto*, e no total na *Cafeteria Xis* e na *Padaria Uno*, que são *Estabelecimentos*. No entanto, independentemente de serem *campos* diferentes dessa base de dados, qualquer uma das três informações desejadas pode ser obtida com apenas uma condição. Nesse caso, podemos usar a função *SOMASE*, que *pede* três parâmetros:

- *Intervalo* – indica em qual intervalo deve ser feita a verificação de conformidade com *os critérios*.

- *Critérios* – aponta qual critério deve ser aplicado para saber se o item da lista deve ou não ser incluído na *soma*.

- *Intervalo_Soma* – esse parâmetro é opcional e deve ser usado sempre que os valores a serem somados estejam em uma coluna diferente da em que está o *Intervalo*.

Agora, vamos substituir os parâmetros para encontrar a soma dos valores gastos com *Almoço*, montando a função que será colocada na célula *G4*:

- *Intervalo* – o intervalo que se deve usar para comparar com os critérios é a coluna em que estão os tipos de gastos, então: *B2:B9*.
- *Critérios* – o critério a ser utilizado é exatamente *Almoço*. Nesse caso, pode-se usar a própria célula de rótulo, então *F4* (*atenção*: as células usadas como *critério* devem conter *exatamente* o valor a ser procurado na lista *Intervalo*).
- *Intervalo_Soma* – como os valores a serem somados estão na coluna *Valor* e não são a mesma informação de *Tipo de Gasto*, é necessário identificar a lista de itens a serem somados, então: *D2:D9*. (*atenção*: a lista *Intervalo_Soma* deve ter a mesma quantidade de itens da lista *Intervalo*).

Com isso, temos:

=SOMASE(B2:B9;F4;D2:D9)

Na sequência, perceba que, para montar as duas próximas funções de soma, devemos alterar o *Intervalo* para percorrer o *Estabelecimento*. Com isso, alteramos de *B2:B9* para *C2:C9*. Além disso, o próprio rótulo de dados que está na *"coluna F"* pode ser usado na função como critério.

Com essas alterações, teremos as funções:

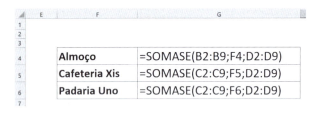

 LEMBRE-SE: Caso queira manter os intervalos fixos ao copiar e colar, use a referência absoluta, acrescentando $ antes dos endereços que deseja *travar*.

Depois disso, podemos responder às perguntas de Luciano:

- gasto total com *Almoço* (independente do Estabelecimento): *R$ 131,90*
- gasto total na *Cafeteria Xis* (independente do Tipo de Gasto): *R$ 11,45*
- gasto total na *Padaria Uno* (independente do Tipo de Gasto): *R$ 90,70*

	A	B	C	D	E	F	G
1	Data	Tipo de Gasto	Estabelecimento	Valor			
2	4/10	Almoço	Padaria Uno	R$ 27,80			
3	4/10	Café	Cafeteria Xis	R$ 5,25			
4	4/10	Analgésico	Farmácia da Esquina	R$ 8,50		Almoço	R$ 131,90
5	5/10	Almoço	Churrascaria Boi Bravo	R$ 49,50		Cafeteria Xis	R$ 11,45
6	5/10	Café	Cafeteria Xis	R$ 6,20		Padaria Uno	R$ 90,70
7	6/10	Almoço	Padaria Uno	R$ 25,30			
8	7/10	Almoço	Padaria Uno	R$ 29,30			
9	7/10	Café	Padaria Uno	R$ 8,30			

Tudo certo! Mas e se o Luciano quiser saber o *total gasto com Almoço na Padaria Uno*?

Para isso, ele precisará alterar a planilha e usar a função *SOMASES*, porque deve considerar dois critérios diferentes.

SOMASES – *Criando soma com mais de uma condição*

A primeira diferença importante da *SOMASES* é que ela permite *diversos critérios*, usando *diversos parâmetros*. E, algumas vezes, acontece uma confusão com a quantidade de condições que serão consideradas. Quanto mais condições forem adicionadas, mas restritiva ficará a soma, porque *todas* elas devem ser atendidas em um item que será adicionado a essa somatória.

A nova planilha de Luciano está assim:

	A	B	C	D	E	F	G
1	Data	Tipo de Gasto	Estabelecimento	Valor			
2	4/10	Almoço	Padaria Uno	R$ 27,80			
3	4/10	Café	Cafeteria Xis	R$ 5,25			
4	4/10	Analgésico	Farmácia da Esquina	R$ 8,50		Almoço	R$???
5	5/10	Almoço	Churrascaria Boi Bravo	R$ 49,50		Padaria Uno	
6	5/10	Café	Cafeteria Xis	R$ 6,20			
7	6/10	Almoço	Padaria Uno	R$ 25,30			
8	7/10	Almoço	Padaria Uno	R$ 29,30			
9	7/10	Café	Padaria Uno	R$ 8,30			

Ao montar a função *SOMASES*, é necessário observar que a ordem do *Intervalo* e do *Intervalo_Soma* é invertida em relação à *SOMASE*. Dessa forma, o *Intervalo_Soma* será o primeiro parâmetro, e, para cada critério adicional, teremos um par de parâmetros: *Intervalo* e *Critério*. Para nossa nova soma, os parâmetros ficarão assim:

- *Intervalo_Soma* – novamente, temos: *D2:D9*.

- *Intervalo_Critérios1* – podemos considerar o tipo de gasto primeiro, mas a ordem dos critérios nesse caso não alterará a soma; então: *B2:B9*.

- *Critérios1* – embora a ordem não altere o resultado, o *Critério1* tem de ser ser considerado no *Intervalo_Critérios1*, necessariamente; então: *F4*.

Funções de matemática e finanças – 41

- *Intervalo_Critérios2* – agora vamos adicionar o *Estabelecimento*; então: *C2:C9*.
- *Critérios2* – deve ser considerado no *Intervalo_Critérios2*, necessariamente; então: *F5*.
- Com isso temos:

=SOMASES(D2:D9;B2:B9;F4;C2:C9;F5)

Finalmente temos a resposta da pergunta do Luciano: o valor gasto com *Almoço*, exclusivamente, na *Padaria Uno* é: *R$ 82,40*.

	A	B	C	D	E	F	G
1	Data	Tipo de Gasto	Estabelecimento	Valor			
2	4/10	Almoço	Padaria Uno	R$ 27,80			
3	4/10	Café	Cafeteria Xis	R$ 5,25			
4	4/10	Analgésico	Farmácia da Esquina	R$ 8,50		Almoço	R$ 82,40
5	5/10	Almoço	Churrascaria Boi Bravo	R$ 49,50		Padaria Uno	
6	5/10	Café	Cafeteria Xis	R$ 6,20			
7	6/10	Almoço	Padaria Uno	R$ 25,30			
8	7/10	Almoço	Padaria Uno	R$ 29,30			
9	7/10	Café	Padaria Uno	R$ 8,30			

OBSERVE: Quanto mais condições adicionarmos a uma soma, menor tende a ser seu valor final. Apenas itens que atendam a *todas* as condições serão adicionados.

SOMARPRODUTO – *Economizando etapas de cálculo*

Léia precisa abastecer sua papelaria com produtos toda semana e decidiu criar uma planilha com a lista de compras que não seja complexa, contendo apenas as informações mínimas necessárias, com uma função que a ajudasse a calcular o *Valor Total* de compras.

	A	B	C
1	Itens	Quantidade	Valor Unitário
2	Canetas	100	R$ 4,50
3	Lapiseiras	130	R$ 6,00
4	Borracha	240	R$ 8,00
5	Estojo	15	R$ 35,00
6	Sulfite (100 fls)	50	R$ 4,10
7		Valor Total	R$?????

O Excel possui a função *SOMARPRODUTO*, que pode ser usada nesse e em vários casos que contenham lista de itens com produtos ou de compras. Essa função retornará

42 – Excel 2019 Avançado

a soma dos produtos de cada um dos itens nos intervalos assinalados em seus parâmetros. O único cuidado ao usar essa função é criar intervalos de mesmo tamanho para que não haja erro no cálculo.

Léia deve identificar o intervalo de quantidades como um dos parâmetros e o intervalo com os valores como outro parâmetro. Com isso, temos:

=SOMARPRODUTO(B2:B6;C2:C6)

ALEATÓRIO – Gerando números ao acaso

Edmundo decidiu fazer uma *Planilha da Sorte*, cuja função deveria retornar as dezenas que ele usaria no seu jogo de loteria. Depois de pesquisar sobre as funções matemáticas, descobriu que o Excel tem uma chamada *ALEATÓRIO*, que parecia exatamente com o que ele precisava. Veja a seguir a planilha criada com auxílio da função:

	A	B	C	D	E	F
1	Jogos da Sorte esta Semana					
2	Dezena 1	Dezena 2	Dezena 3	Dezena 4	Dezena 5	Dezena 6
3	0,355701	0,953091	0,992775	0,676933	0,39521	0,472915
4	0,277694	0,834415	0,222754	0,451133	0,815534	0,627133
5	0,042562	0,851312	0,335662	0,704219	0,061499	0,63383
6	0,005469	0,660489	0,32605	0,78902	0,601603	0,827822
7	0,489567	0,142664	0,95358	0,279578	0,111055	0,132252

Depois de criar a primeira versão da planilha, Edmundo percebeu que a função *ALEATÓRIO* não era ideal porque retornava um número decimal entre *0* e *1*. Após constatar esse problema, o rapaz resolveu pedir ajuda para Davi, que tinha ótimos conhecimentos matemáticos, e disse: Você pode usar uma fórmula matemática com a função para definir os limites mínimo (x) e máximo (y) do número que será gerado. Use: =ALEATÓRIO()*(y-x)+x. Edmundo achou um pouco complexo, mas resolveu tentar na célula *A3*, que ficou assim:

A3				f_x	=ALEATÓRIO()*(60-1)+1		
	A	B	C	D	E	F
1	Jogos da Sorte esta Semana					
2	Dezena 1	Dezena 2	Dezena 3	Dezena 4	Dezena 5	Dezena 6
3	48,2954	0,318295	0,717675	0,413731	0,016192	0,537493
4	0,674293	0,155364	0,216872	0,195624	0,117497	0,730454
5	0,492123	0,441569	0,520972	0,963381	0,929937	0,495683
6	0,674847	0,99274	0,194241	0,794995	0,563223	0,681957
7	0,42895	0,536816	0,260842	0,819838	0,586795	0,764676

Observe na *Barra de fórmulas* que Edmundo executou exatamente a fórmula indicada por Davi, mas o resultado ainda não foi o esperado, já que Edmundo precisava de números inteiros. *Como transformar números decimais em inteiros usando o Excel?*

INT, ARRED e TRUNCAR – *Transformando números decimais em inteiros*

Depois de quase resolver o problema, Edmundo decidiu pesquisar novamente como poderia transformar os números decimais em inteiros e chegou a três funções que pareciam servir: *INT*, *ARRED* e *TRUNCAR*, mas não entendeu muito bem a diferença entre elas. Resolveu, então, perguntar para Roberto, que trabalhava no mercado financeiro e as conhecia muito bem. Ele achou interessante a pergunta e passou a analisar cada uma das funções:

INT – Essa é a função mais indicada nesse caso. Com ela, você obterá um valor inteiro, como se o *truncasse* (deixasse-o sem casa decimal alguma); não é necessário, portanto, especificar quantas casas decimais deseja.

Mesmo assim, vamos entender outra função:

ARRED – Essa função fará um arredondamento, mas você deverá definir quantas casas decimais serão mantidas depois disso. Imagine que você tenha o valor da célula *A3* igual a *48,2954* e use *=ARRED(A3;2)*. O Excel manterá duas casas depois da vírgula (nesse caso 29), mas como o número da terceira casa é maior ou igual a 5, então haverá um arredondamento para 30. O número retornado será *48,30* ou *48,3*, dependendo da formatação da célula *A3*, já que os dois números são iguais.

E, por fim, vamos entender mais uma função:

TRUNCAR – Essa função fará um truncamento, *cortando* o número em determinada casa decimal. É semelhante ao arredondamento, mas não importa qual seja o número da casa seguinte. E você também deverá definir quantas casas decimais serão mantidas após o truncamento. No caso do valor da célula *A3* igual a *48,2954*, use *=TRUNCAR(A3;2)*. O Excel manterá duas casas depois da vírgula (nesse caso, 29). O número retornado será *48,29*.

Vamos alterar a planilha, incluindo *INT* em todas as dezenas geradas – lembrando que, para obter o efeito desejado, devemos usar *=INT(ALEATÓRIO()*(y-x)+x)*.

	A	B	C	D	E	F
1	\multicolumn{6}{c}{Jogos da Sorte esta Semana}					
2	Dezena 1	Dezena 2	Dezena 3	Dezena 4	Dezena 5	Dezena 6
3	56	29	20	57	29	35
4	17	53	38	53	39	24
5	43	35	4	7	31	48
6	12	4	20	34	9	26
7	51	25	20	4	45	49

Observe a fórmula final na *Barra de fórmulas* e os resultados obtidos. Depois de ajudar com as dúvidas, Roberto perguntou para o Edmundo: "Pensando bem, por que você não usou ALEATÓRIOENTRE?".

ALEATÓRIOENTRE – *Gerando números ao acaso, inteiros e limitados*

Usar a função *ALEATÓRIOENTRE* permite gerar números inteiros entre um mínimo e um máximo. Se Edmundo a usasse, teria evitado todo esse trabalho simplesmente assim:

=ALEATÓRIOENTRE(1;60)

	A	B	C	D	E	F
1	\multicolumn{6}{c	}{Jogos da Sorte esta Semana}
2	Dezena 1	Dezena 2	Dezena 3	Dezena 4	Dezena 5	Dezena 6
3	4	41	50	57	44	37
4	38	14	34	23	3	26
5	51	34	5	18	53	55
6	55	42	8	27	39	14
7	25	37	28	32	12	38

LEMBRE-SE: É muito comum que haja mais de uma forma de resolver um problema com Excel. Quanto mais passa o tempo, maior é a chance de você aprender novas formas, mais rápidas e mais fáceis.

Funções de finanças mais utilizadas

Rodrigo também havia pedido uma ajuda para o Roberto, porque pretende comprar um carro novo, mas está em dúvida se deve comprar a prazo ou retirar o investimento que tem no banco e pagar à vista. Para chegar a essa resposta, algumas análises devem ser feitas.

VP – *Descobrindo o valor presente do carro*

O primeiro passo da análise que Roberto propôs a Rodrigo é saber quanto valeria o carro se fosse pago à vista. Para isso, podemos usar a função *VP*, de maneira a *trazer* o *Valor Total* do carro para o *Valor Presente*, ou seja, quanto ele deveria pagar pelo carro se fosse comprá-lo à vista, conforme a planilha proposta por Roberto:

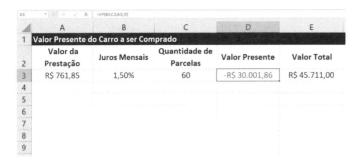

Nessa primeira análise, Roberto usou a função *VP (Valor Presente)* para gerar o valor que representa o carro no dia atual, usado como base pelo vendedor para calcular as prestações. Esse valor servirá apenas como uma das referências; a outra é o total das parcelas a serem pagas. Observe na *Barra de fórmulas* que na célula *D3* foi usada a seguinte:

=VP(B3;C3;A3;;0)

Os parâmetros usados foram:

- *Taxa*: esse valor será usado para *descontar* o valor. Neste exemplo: *1,50% ao mês* (célula B3). O período utilizado deve ser equivalente à taxa para não gerar distorções.
- *Per*: quantidade de períodos que devem ser considerados para descontar a taxa. Se não estiver de acordo com a periodicidade da taxa, haverá distorções. Nesse exemplo, a quantidade de períodos é *60* meses (ou 5 anos): célula C3.
- *PGTO*: Valor de pagamento efetuado em cada período: célula A3.
- *VF*: o valor futuro não consta nesse exemplo porque não há valor a considerar além dos pagamentos mensais.
- *Tipo*: Nas funções financeiras, é necessário informar se o *desconto* ou *crédito* é considerado no início ou no final do período (caso isso não seja feito, será presumido no final do período, que é o formato mais comum). Em nosso exemplo, informamos *0* apenas para reforçar que se trata do final do período.

Agora a ideia de Roberto é que Rodrigo faça uma análise de *Valor Futuro* do investimento que tem no banco, para que possa verificar qual decisão faz mais sentido.

VF – Analisando o resultado de um investimento

Com as informações do investimento atual em mãos, vamos montar uma nova análise na planilha, usando a função *VF*:

	A	B	C	D	E
1	Valor Presente do Carro a ser Comprado				
2	Valor da Prestação	Juros Mensais	Quantidade de Parcelas	Valor Presente	Valor Total
3	R$ 761,85	1,50%	60	-R$ 30.001,86	R$ 45.711,00
4					
5	Valor Futuro do Investimento de Rodrigo				
6	Valor Investido	Rendimento ao Mês	Períodos (equivalentes)	Valor Futuro	Valor Aplicando as Parcelas
7	R$ 30.000,00	0,65%	60	-R$ 44.253,54	-R$ 55.687,48

Fizemos agora duas funções *VF (Valor Futuro)*, uma para analisar quanto Rodrigo teria ao final de cinco anos se deixasse o dinheiro no investimento atual e outra ponderando quanto ele juntaria se investisse as parcelas do carro (pagando o carro à vista com o dinheiro que tinha investido). Com essas análises, é possível entender que, se Rodrigo retirar o *Valor Investido*, R$ *30.000,00*, fizer o pagamento do carro à vista e depois investir a quantia que pagaria mensalmente pelo carro, o valor obtido ao final do período será maior.

A seguir, são analisados os parâmetros usados na função *VF*:

- *Taxa*: será usada para *incrementar* o valor. Nas duas análises de investimento, o valor adotado foi de *0,65%*: célula *B7*.

- *Nper*: quantidade de períodos que devem ser considerados para incrementar um investimento. Se não estiver de acordo com a periodicidade da taxa, haverá distorções. Nesse exemplo, a quantidade de períodos é *60* meses (ou 5 anos): célula *C7*, nos dois exemplos.

- *PGTO*: valor de pagamento efetuado em cada período. Na análise do investimento atual, esse valor é *0* (zero). Na análise de investimento das prestações do carro, é o *Valor da Prestação* que se pagaria pelo financiamento: R$ 761,85, ou seja, a célula *A3*.

- *VP*: o valor presente nesse exemplo é o próprio valor do investimento que Rodrigo possui no banco na primeira análise e deve ser deixado como *0* (zero) na segunda análise.

- *Tipo*: nas funções financeiras, é necessário informar se o *desconto* ou *crédito* é considerado no início ou no final do período (caso isso não seja feito, será presumido no final do período, que é o formato mais comum). Em nosso exemplo, informamos *0* (zero) ou podemos deixar em branco.

NPER, PGTO, TAXA – *Outras funções financeiras*

Assim como usamos as funções *VP* e *VF* preenchendo as informações necessárias como parâmetros, existem outras para computar as demais variáveis de um cálculo financeiro, usando os padrões existentes. Alguns exemplos de funções financeiras:

- *NPER*: devolve o número de períodos de um investimento.

- *PGTO*: devolve o pagamento periódico de uma anuidade.

- *TAXA*: devolve a taxa de juros por período de uma anuidade.

Essas e outras funções podem ser usadas dependendo das informações que se possuam e que se pretendam obter de um investimento, um pagamento ou uma operação de crédito.

COMBINANDO FUNÇÕES DE MATEMÁTICA E FINANÇAS

Em nosso dia a dia, é muito comum que tenhamos situações em que precisamos combinar duas ou mais funções para obter o resultado desejado. Por exemplo, vamos supor a seguinte situação: Rita fez um empréstimo em seu banco e foi informada que a taxa seria variável, mas limitada a *3,10%*. Como saber, com os dados do extrato de Rita na planilha a seguir, se o banco realmente cumpriu com o combinado?

	A	B	C	D	E
1	Data	Movimentação	Valor		
2	3/10	Parcela Empréstimo	R$ 425,00		Taxa paga pelo Empréstimo
3	4/10	Pagamento boleto	R$ 200,00		????
4	3/11	Parcela Empréstimo	R$ 418,00		
5	4/11	Cartão de Crédito	R$ 1.200,00		Valor Solicitado
6	6/11	Conta de Luz	R$ 130,00		R$ 1.500,00
7	3/12	Parcela Empréstimo	R$ 431,00		
8	3/12	Conta de Luz	R$ 95,30		
9	3/1	Parcela Empréstimo	R$ 420,00		

A primeira parte é observar que as parcelas indicadas no extrato realmente têm valores variáveis. Depois notamos que temos o valor solicitado de empréstimo na célula E6. Portanto, se igualarmos o valor solicitado ao *VP* e a soma dos valores pagos ao *VF*, poderemos calcular a taxa cobrada.

> **ATENÇÃO:** Sempre que usar *VP* e *VF* na mesma função, um deles deve ser representado por um valor positivo (entrada) e outro, por um valor negativo (saída); caso contrário, a função apresentará erro.

Com isso, temos todas as informações necessárias para utilizar a função *TAXA* que nos retornará a taxa cobrada nessa operação. Lembre-se de que o valor de *PGTO* pode ser mantido como *0* (zero).

- *Nper*: a quantidade de pagamentos poderia ser calculada com uma função de contagem, mas, como veremos essas funções no capítulo 4, "Funções de estatística", vamos digitar diretamente a quantidade de parcelas, nesse caso: *4*.
- *PGTO*: Como usaremos a soma dos valores pagos, uma vez que os pagamentos não são *uniformes*, podemos deixar esse valor zerado, nesse caso: *0*.
- *VP*: o valor presente será o do empréstimo solicitado por Rita que está na célula *E6*, mas, como um dos valores deve ser negativo, vamos multiplicá-lo por - 1, portanto: *E6*-1*.

- *VF*: o valor futuro é o total pago pelo empréstimo; nesse caso, teremos de usar nossos conhecimentos de funções financeiras para montar uma *SOMASE* que procure no extrato os valores equivalentes à *Parcela Empréstimo*: =SOMASE(B2:B9;"Parcela Empréstimo";C2:C9).
- *Tipo*: lembre-se de que, se o pagamento for no final do período, podemos ocultar esse parâmetro.

=TAXA(4;0;E6*-1;SOMASE(B2:B9;"Parcela Empréstimo";C2:C9))

Para responder à pergunta da Rita – se o banco cumpriu o combinado –, montamos a fórmula na planilha e temos a seguinte resposta:

	A	B	C	D	E
1	Data	Movimentação	Valor		
2	3/10	Parcela Empréstimo	R$ 425,00		Taxa paga pelo Empréstimo
3	4/10	Pagamento boleto	R$ 200,00		3,08739%
4	3/11	Parcela Empréstimo	R$ 418,00		
5	4/11	Cartão de Crédito	R$ 1.200,00		Valor Solicitado
6	6/11	Conta de Luz	R$ 130,00		R$ 1.500,00
7	3/12	Parcela Empréstimo	R$ 431,00		
8	3/12	Conta de Luz	R$ 95,30		
9	3/1	Parcela Empréstimo	R$ 420,00		

Portanto a resposta é: *Sim*, o banco cumpriu o combinado!

LEMBRE-SE: Montar funções como essa pode parecer bastante complexo e por vezes ser desafiador, mas a prática facilita cada vez mais o ato de entender e montar funções mais *avançadas*.

Exercício proposto
(Resolução no final do livro)

Exercício 1 – utilize a planilha *Capítulo 3 – Exercícios Resolvidos.xlsx*

Pedro está analisando a possibilidade de solicitar empréstimo junto a um banco. Ele pretende retirar líquido o valor de R$ 24.278,43, que poderá ser liquidado, após vinte meses, em um único pagamento de R$ 41.524,33. Qual a taxa de juros mensal cobrada pelo banco?

	A	B	C	D
1	Empréstimo de Pedro junto ao Banco			
2	Valor Presente	Período (m)	Valor Futuro	Taxa
3	R$ 24.278,43	20	-R$ 41.524,33	?

Anotações

Anotações

4
Funções de estatística

OBJETIVOS

» Relembrar o uso das funções básicas de estatística: *MÉDIA, MÁXIMO, MÍNIMO, MENOR, MAIOR*.

» Entender a utilização das funções de contagem: *CONT.VALORES, CONT.NÚM* e *CONTAR.VAZIO*.

» Conhecer as funções condicionais: *MÉDIASE* e *MÉDIASES*.

» Aprender a usar as funções de contagem condicional: *CONT.SE* e *CONT.SES*.

» Compreender as novas funções adicionadas na versão 2019 do Office: *MÁXIMOSES* e *MÍNIMOSES*.

Para acompanhar os exemplos didáticos do capítulo, use a planilha: *Capítulo 4 – Exemplos Didáticos.xlsx*.

Muitas vezes estamos usando funções de estatística e nem sabemos. Algumas realmente são mais específicas e somente são utilizadas por profissionais que trabalham com pesquisas ou análises de dados.

E, assim como vimos nas funções matemáticas, também temos as *variações* condicionais das funções que adicionam a possibilidade de utilizar critérios no momento de executar a função.

FUNÇÕES DE ESTATÍSTICA MAIS UTILIZADAS

Uma das funções de estatística mais usadas nas planilhas do dia a dia de diversas empresas é a função *MÉDIA*, que vemos nos conteúdos de Excel Básico. Também é bastante comum a utilização de outras funções de estatística, como as que vimos nos exemplos do livro *Excel 2019* (Básico):

- *MÉDIA*: retorna a média aritmética do intervalo ou dos valores informados.
- *MÁXIMO*: retorna o maior valor de uma lista de argumentos.
- *MÍNIMO*: retorna o menor valor de uma lista de argumentos.
- *MAIOR*: retorna o *k-ésimo* maior valor de uma lista de argumentos. Por exemplo: o segundo ou o terceiro maior, de acordo com o parâmetro *K* informado.
- *MENOR*: retorna o *k-ésimo* menor valor de uma lista de argumentos. Por exemplo: o segundo ou o terceiro menor, de acordo com o parâmetro *K* informado.

Agora que já relembramos as funções mais *básicas*, vamos analisar alguns exemplos em que se deveriam usar outras funções de estatística.

CONT.VALORES, CONT.NÚM e CONTAR.VAZIO – *Funções de contagem*

O processo de análise da contagem de dados é muito comum e as funções de contagem são amplamente usadas nas planilhas de *análise de dados*. As três funções de contagem mais comuns são:

- *CONT.VALORES*: utilize essa função quando precisar verificar a quantidade de células de um intervalo que *não estão vazias*.
- *CONT.NÚM*: use essa função para conferir a quantidade de células de um intervalo que *contêm números*.
- *CONTAR.VAZIO*: utilize essa função quando precisar computar a quantidade de células de um intervalo que *estejam vazias*.

Vamos praticar o uso das funções de contagem, respondendo a algumas perguntas feitas sobre a planilha a seguir com as notas de alunos nos cursos do Senac.

	A	B	C	D	E	F	G	H	I
1		Notas dos Cursos do Senac							
2									
3		Nome do Aluno	Word	Excel	PowerPoint	Excel Avançado	Linguagem VBA		Quantidade de Alunos
4		Anselmo	7,0	6,7	8,0	7,2	6,0		???
5		Davi	N/A	7,5	9,0	N/A	7,0		Total de Provas Realizadas
6		Edmundo	6,5	6,2	9,5	7,4	9,5		???
7		Estevan	9,0	8,6	7,5	8,4	10,0		
8		Gabriel	8,0	7,6	9,0	8,2	6,0		Quantidade de Provas de Excel
9		Léia	6,0	N/A	10,0	7,2	8,0		???
10		Leonardo	10,0	9,5	7,0	8,8	7,5		
11		Regina	7,0	6,7	8,0	7,2	N/A		Quantidade de Provas do Davi
12		Ricardo	9,5	9,0	N/A	8,2	7,5		???
13		Rita	6,0	5,7	8,0	6,6	10,0		
14		Eliel	8,0	7,6	9,5	8,4	6,5		

Quantos alunos há nos cursos?

Essa é a questão mais simples de responder, uma vez que bastaria montar uma função de contagem para os nomes dos alunos. Vamos estudar três formas mais comuns de montar essa função:

A *primeira* é selecionar apenas o intervalo em que há dados e receber a resposta (neste caso, deve-se evitar incluir o rótulo de dados na contagem). Assim, teríamos:

=CONT.VALORES(B4:B14)

Note que dessa forma apenas as linhas em que já há nomes cadastrados seriam incluídas na contagem; por consequência, qualquer nome inserido depois não seria contado.

A *segunda* forma deve ser usada caso se saiba que não haverá outros dados nas linhas abaixo do intervalo de nomes, permitindo aumentar o limite inferior do intervalo, como:

=CONT.VALORES(B4:B50)

Há, porém, uma *terceira* forma de executar a contagem que é computar tudo que estiver na coluna B. Mas, para essa *versão* de contagem, é preciso descontar as linhas que tenham dados conhecidos distintos do *Nome do aluno*. No nosso caso, temos o título na linha *1* e os rótulos de dados na linha *2*. Com isso, deveríamos descontar *dois* itens na contagem da coluna B. Nossa função nessa *terceira* forma seria:

=CONT.VALORES(B:B) - 2

NOTE: Em nosso exemplo, qualquer uma das três formas irá funcionar, mas, em cada situação, deve-se analisar qual a melhor maneira de fazê-la. Veja a seguir a planilha atualizada com o cálculo de alunos.

⊿	A	B	C	D	E	F	G	H	I
1				**Notas dos Cursos do Senac**					
2									
3		**Nome do Aluno**	**Word**	**Excel**	**PowerPoint**	**Excel Avançado**	**Linguagem VBA**		**Quantidade de Alunos**
4		Anselmo	7,0	6,7	8,0	7,2	6,0		11
5		Davi	N/A	7,5	9,0	N/A	7,0		
6		Edmundo	6,5	6,2	9,5	7,4	9,5		**Total de Provas Realizadas**
7		Estevan	9,0	8,6	7,5	8,4	10,0		???
8		Gabriel	8,0	7,6	9,0	8,2	6,0		
9		Léia	6,0	N/A	10,0	7,2	8,0		**Quantidade de Provas de Excel**
10		Leonardo	10,0	9,5	7,0	8,8	7,5		???
11		Regina	7,0	6,7	8,0	7,2	N/A		
12		Ricardo	9,5	9,0	N/A	8,2	7,5		**Quantidade de Provas do Davi**
13		Rita	6,0	5,7	8,0	6,6	10,0		???
14		Eliel	8,0	7,6	9,5	8,4	6,5		

Qual é o total de provas realizadas?

Para essa questão, o ponto-chave é que um aluno pode não realizar a prova e sua nota será registrada como *N/A*. Observe que o *Total de Provas Realizadas* resulta em um número, enquanto as provas não realizadas resultam em um *texto*. Trata-se, portanto, de um caso perfeito para o uso da função de contagem de número *CONT.NÚM*.

=CONT.NÚM(C4:G14)

Essa função executará a contagem apenas das células preenchidas com números, *ignorando* as que estejam com *N/A*. Observe a *Barra de fórmulas* da planilha atualizada:

⊿	A	B	C	D	E	F	G	H	I
1				**Notas dos Cursos do Senac**					
2									
3		**Nome do Aluno**	**Word**	**Excel**	**PowerPoint**	**Excel Avançado**	**Linguagem VBA**		**Quantidade de Alunos**
4		Anselmo	7,0	6,7	8,0	7,2	6,0		11
5		Davi	N/A	7,5	9,0	N/A	7,0		
6		Edmundo	6,5	6,2	9,5	7,4	9,5		**Total de Provas Realizadas**
7		Estevan	9,0	8,6	7,5	8,4	10,0		50
8		Gabriel	8,0	7,6	9,0	8,2	6,0		
9		Léia	6,0	N/A	10,0	7,2	8,0		**Quantidade de Provas de Excel**
10		Leonardo	10,0	9,5	7,0	8,8	7,5		???
11		Regina	7,0	6,7	8,0	7,2	N/A		
12		Ricardo	9,5	9,0	N/A	8,2	7,5		**Quantidade de Provas do Davi**
13		Rita	6,0	5,7	8,0	6,6	10,0		???
14		Eliel	8,0	7,6	9,5	8,4	6,5		

Lembre-se de que, assim como no exemplo anterior, caso sejam acrescentados novos nomes nas linhas abaixo, a contagem não os considerará. Se quiser que eles sejam considerados, uma alternativa é aumentar um pouco o limite inferior do intervalo da função, como:

=CONT.NÚM(C4:G50)

Quantas provas de Excel foram realizadas?

Para responder a essa questão, deveriam ser consideradas as colunas que contêm informações de *Excel*, *Excel Avançado* e *Linguagem VBA*, porque todos se referem ao

Excel. Devemos lembrar que as funções aceitam vários intervalos diferentes que podem ser *não adjacentes*.

É possível montar uma função com três intervalos (um para cada coluna) ou um intervalo para as notas de *Excel* e depois outro para *Excel Avançado + Linguagem VBA*, já que esses dois são adjacentes. Nossa fórmula poderia ser, então, com três intervalos:

=CONT.NÚM(D4:D14;F4:F14;G4:G14)

Ou com dois intervalos (de maneira equivalente à anterior):

=CONT.NÚM(D4:D14;F4:G14)

E, igualmente aos casos anteriores, é possível incluir mais linhas para *prever* novas inclusões de notas:

=CONT.NÚM(D4:D50;F4:G50)

Nossa planilha atualizada ficaria assim:

Nome do Aluno	Word	Excel	PowerPoint	Excel Avançado	Linguagem VBA		Quantidade de Alunos
			Notas dos Cursos do Senac				
Anselmo	7,0	6,7	8,0	7,2	6,0		**11**
Davi	N/A	7,5	9,0	N/A	7,0		
Edmundo	6,5	6,2	9,5	7,4	9,5		**Total de Provas Realizadas**
Estevan	9,0	8,6	7,5	8,4	10,0		**50**
Gabriel	8,0	7,6	9,0	8,2	6,0		
Léia	6,0	N/A	10,0	7,2	8,0		**Quantidade de Provas de Excel**
Leonardo	10,0	9,5	7,0	8,8	7,5		**30**
Regina	7,0	6,7	8,0	7,2	N/A		
Ricardo	9,5	9,0	N/A	8,2	7,5		**Quantidade de Provas do Davi**
Rita	6,0	5,7	8,0	6,6	10,0		**???**
Eliel	8,0	7,6	9,5	8,4	6,5		

Quantas provas o aluno Davi *fez?*

Depois de tudo que vimos, essa pergunta é muito simples de responder, pois, assim como fizemos com as demais informações, podemos contar apenas os dados de uma linha específica: nesse caso a *linha 5,* que representa as notas do aluno *Davi*.

=CONT.NÚM(C5:G5)

Embora as mesmas observações feitas nos casos anteriores sirvam, observe que a planilha tem informações diferentes de notas nas colunas posteriores à *coluna G*. Isso nos indica que é melhor evitar a montagem de funções que ultrapassem essa coluna, já que poderiam ser *contaminadas* com informações indesejadas.

Veja a seguir a planilha totalmente resolvida e observe na *Barra de fórmulas* a função para as provas feitas pelo aluno *Davi*.

	A	B	C	D	E	F	G	H	I
1				Notas dos Cursos do Senac					
2									
3		Nome do Aluno	Word	Excel	PowerPoint	Excel Avançado	Linguagem VBA		Quantidade de Alunos
4		Anselmo	7,0	6,7	8,0	7,2	6,0		11
5		Davi	N/A	7,5	9,0	N/A	7,0		
6		Edmundo	6,5	6,2	9,5	7,4	9,5		Total de Provas Realizadas
7		Estevan	9,0	8,6	7,5	8,4	10,0		50
8		Gabriel	8,0	7,6	9,0	8,2	6,0		
9		Léia	6,0	N/A	10,0	7,2	8,0		Quantidade de Provas de Excel
10		Leonardo	10,0	9,5	7,0	8,8	7,5		30
11		Regina	7,0	6,7	8,0	7,2	N/A		
12		Ricardo	9,5	9,0	N/A	8,2	7,5		Quantidade de Provas do Davi
13		Rita	6,0	5,7	8,0	6,6	10,0		3
14		Eliel	8,0	7,6	9,5	8,4	6,5		

MÉDIASE e MÉDIASES – *Contando de maneira condicional*

Para entender o uso das funções condicionais de média, vamos estudar o caso de Regina, que usou uma cópia da planilha de Luciano, mas, em vez de somar os valores pagos com almoço, ela desejava saber qual a média de gasto diário com almoço e essa média no seu estabelecimento preferido. Vamos ver as alterações que ela precisa fazer na planilha para obter a informação desejada.

	A	B	C	D	E	F	G
1	Data	Tipo de Gasto	Estabelecimento	Valor			
2	3/9	Almoço	Restaurante da Esquina	R$ 32,50			
3	3/9	Café	Cafeteria dos Amigos	R$ 6,25			
4	3/9	Curativos	Farmácia Velha	R$ 12,00		Almoço (Média)	????
5	4/9	Almoço	Restaurante da Esquina	R$ 52,00			
6	4/9	Café	Cafeteria dos Amigos	R$ 8,30		Almoço	????
7	5/9	Almoço	Padaria Uno	R$ 25,65		Restaurante da Esquina	
8	6/9	Almoço	Restaurante da Esquina	R$ 35,90			
9	6/9	Café	Cafeteria dos Amigos	R$ 9,80			

Assim como a soma condicional, a média condicional pode ser obtida pelo uso da função *MÉDIASE*, que permite o uso de *um critério*. Portanto, para saber a média de gasto com almoço, Regina pode simplesmente usar essa função, mas repare que na célula *F4,* onde está o rótulo *Almoço*, Regina resolveu escrever *Almoço (Média).* Embora não seja recomendado e gere uma complexidade, por vezes, desnecessária, é possível trabalhar com um critério distinto do que está sendo usado de rótulo. Nesse caso, vamos adotar uma função de texto para separar a parte do rótulo que queremos usar como critério.

Conteúdo da célula de rótulo = *Almoço (Média)*

Critério = *Almoço*

Se separarmos as *primeiras seis letras* da célula, teremos o critério que nos interessa. Para isso há uma função de texto chamada *ESQUERDA,* que *pede* dois parâmetros:

Funções de estatística – 59

- *Texto*: o primeiro parâmetro é exatamente o texto que queremos usar como base; no nosso caso, a célula *F4*.

- *Núm_caract*: quantidade de caracteres (letras) à esquerda do texto (ou seja, no começo do texto) que se quer usar; no nosso caso, seis.

Nosso critério será dado, assim, pela função:

=ESQUERDA(F4;6)

Esse é apenas o critério. Agora podemos montar a função baseada no conhecimento que temos da *SOMASE*, já que a forma de uso da *MÉDIASE* é exatamente igual.

=MÉDIASE(B2:B9;ESQUERDA(F4;6);D2:D9)

Observe a planilha atualizada:

	A	B	C	D	E	F	G
1	Data	Tipo de Gasto	Estabelecimento	Valor			
2	3/9	Almoço	Restaurante da Esquina	R$ 32,50			
3	3/9	Café	Cafeteria dos Amigos	R$ 6,25			
4	3/9	Curativos	Farmácia Velha	R$ 12,00		Almoço (Média)	R$ 36,51
5	4/9	Almoço	Restaurante da Esquina	R$ 52,00			
6	4/9	Café	Cafeteria dos Amigos	R$ 8,30		Almoço	????
7	5/9	Almoço	Padaria Uno	R$ 25,65		Restaurante da Esquina	
8	6/9	Almoço	Restaurante da Esquina	R$ 35,90			
9	6/9	Café	Cafeteria dos Amigos	R$ 9,80			

Na sequência, Regina quer saber qual a média de *Almoço* exclusivamente no *Restaurante da Esquina*. Como já sabemos, temos *dois* critérios e por isso usaremos a função *MÉDIASES*. Conforme vimos na soma condicional, as funções *MÉDIASE* e *MÉDIASES* têm ordem diferente de parâmetros.

=MÉDIASES(D2:D9;B2:B9;F6;C2:C9;F7)

Observe a seguir na planilha atualizada que, como o almoço feito na *Padaria Uno* teve valor menor, a média de almoço exclusivamente no *Restaurante da Esquina* tem valor maior.

	A	B	C	D	E	F	G
1	Data	Tipo de Gasto	Estabelecimento	Valor			
2	3/9	Almoço	Restaurante da Esquina	R$ 32,50			
3	3/9	Café	Cafeteria dos Amigos	R$ 6,25			
4	3/9	Curativos	Farmácia Velha	R$ 12,00		Almoço (Média)	R$ 36,51
5	4/9	Almoço	Restaurante da Esquina	R$ 52,00			
6	4/9	Café	Cafeteria dos Amigos	R$ 8,30		Almoço	R$ 40,13
7	5/9	Almoço	Padaria Uno	R$ 25,65		Restaurante da Esquina	
8	6/9	Almoço	Restaurante da Esquina	R$ 35,90			
9	6/9	Café	Cafeteria dos Amigos	R$ 9,80			

CONTSE e CONTSES – *Contando de maneira condicional*

Semelhante ao que acontece com a *família* de funções de *SOMA* e de *MÉDIA*, também teremos as *variações* de contagem condicional por meio das funções *CONT.SE* e *CONT.SES*. O uso dessas funções é muito semelhante ao das vistas anteriormente; inclusive é até mais fácil, uma vez que o intervalo é sempre o mesmo, não necessitando distinguir entre o *Intervalo_Soma* e o *Intervalo_Critério*. Portanto, a função *CONT. SE pedirá* apenas dois parâmetros, enquanto a função *CONT.SES* requererá um par de critérios para cada verificação que se deseje fazer.

Analisando critérios da contagem condicional

Vamos utilizar a mesma planilha de notas do Senac para fazer algumas análises do uso da função *CONT.SE*. Neste trecho nos focaremos em aprender a criar formas mais criativas de critérios, que também servem para as demais funções condicionais (incluindo as que vimos anteriormente).

Nome do Aluno	Word	Excel	PowerPoint	Excel Avançado	Linguagem VBA		Alunos cujo Nome Inicia com "R"
\multicolumn{8}{c}{Notas dos Cursos do Senac}							
Anselmo	7,0	6,7	8,0	7,2	6,0		???
Davi	N/A	7,5	9,0	N/A	7,0		
Edmundo	6,5	6,2	9,5	7,4	9,5		Alunos cujo Nome Contém "R"
Estevan	9,0	8,6	7,5	8,4	10,0		???
Gabriel	8,0	7,6	9,0	8,2	6,0		
Léia	6,0	N/A	10,0	7,2	8,0		Provas com Notas Acima de "7"
Leonardo	10,0	9,5	7,0	8,8	7,5		???
Regina	7,0	6,7	8,0	7,2	N/A		
Ricardo	9,5	9,0	N/A	8,2	7,5		Cursos de Excel
Rita	6,0	5,7	8,0	6,6	10,0		???
Eliel	8,0	7,6	9,5	8,4	6,5		

Um dos *truques* muito utilizados em Excel para diversas funções e recursos é o uso de *coringas*. Os caracteres *?* e *** podem ser usados para representar uma letra ou uma sequência de várias letras, respectivamente.

Contando alunos com nome começado por uma letra

Para resolver a primeira questão, vamos usar a função de contagem condicional a fim de listar todos os alunos que tenham nome começado pela letra *R*. Em nosso exemplo, sabemos que são: *Regina*, *Ricardo* e *Rita*. Porém, não precisamos usar três critérios, mas, sim, um único que represente os três nomes. Nesse caso teremos: *R**, já que *** representa uma cadeia de caracteres. O que estamos dizendo para o Excel é: meu critério é que a primeira letra seja *R*; as demais são indiferentes. Nossa função ficará:

=CONT.SE(B4:B14;"R*")

Contando alunos com nome que contenha uma letra

Semelhante à primeira questão, nessa precisamos encontrar os nomes que contenham *R* em qualquer parte do nome. Seria equivalente a dizer para o Excel: liste os nomes que tenham qualquer sequência de caracteres + *R* + qualquer continuação. Porém vale uma ressalva: o * também pode significar *nenhum* caractere, assim os nomes começados e terminados por *R* também serão contados. O coringa usado será **R**, e a nossa função ficará:

=CONT.SE(B4:B14;"*R*")

Os nomes contados agora são: *Gabriel, Leonardo, Regina, Ricardo* e *Rita*. Nossa planilha atualizada ficaria assim até o momento:

	B	C	D	E	F	G	H	I
1			Notas dos Cursos do Senac					
3	Nome do Aluno	Word	Excel	PowerPoint	Excel Avançado	Linguagem VBA		Alunos cujo Nome Inicia com "R"
4	Anselmo	7,0	6,7	8,0	7,2	6,0		3
5	Davi	N/A	7,5	9,0	N/A	7,0		
6	Edmundo	6,5	6,2	9,5	7,4	9,5		Alunos cujo Nome Contém "R"
7	Estevan	9,0	8,6	7,5	8,4	10,0		5
8	Gabriel	8,0	7,6	9,0	8,2	6,0		
9	Léia	6,0	N/A	10,0	7,2	8,0		Provas com Notas Acima de "7"
10	Leonardo	10,0	9,5	7,0	8,8	7,5		???
11	Regina	7,0	6,7	8,0	7,2	N/A		
12	Ricardo	9,5	9,0	N/A	8,2	7,5		Cursos de Excel
13	Rita	6,0	5,7	8,0	6,6	10,0		???
14	Eliel	8,0	7,6	9,5	8,4	6,5		

Usando critérios para números

As funções e recursos do Excel também possuem alguns padrões para filtrarmos valores *maiores, menores* ou *diferentes* de um determinado número. Na célula *I10*, devemos listar os valores *acima de 7*, o que poderia ser traduzido em formato Excel para *>7*. Nesse ponto, vale atentar-se que há uma importante diferença entre *maior que 7 (>7)* e *maior ou igual a 7 (>=7)*. Portanto, os valores *iguais a 7*, em nosso exemplo, não serão contados. A função ficará assim:

=CONT.SE(C4:G14;">7")

COMBINANDO AS FUNÇÕES DE ESTATÍSTICA

Algumas vezes a possibilidade de combinar as funções de estatística pode solucionar problemas que parecem complexos, mas na verdade são problemas compostos por outros pequenos que, se resolvidos individualmente, resolvem o maior. É o caso da nossa última pergunta: "Quantos cursos de Excel há na planilha?". Para respondê-la, temos que resolver outras duas: "Quantos cursos têm Excel no nome?" e "Quantos cursos têm VBA no nome?". Embora possa parecer que solucionar essa questão exige o uso de vários critérios, isso é um equívoco, já que, em vez de usar a função *CONT.SES* com dois critérios, a melhor escolha é uma composição de duas funções *CONT.SE*.

A seguir, vamos resolver a questão proposta e, na sequência, demonstrar a diferença no uso de *CONT.SES* com vários critérios ou composições da função *CONT.SE*.

Primeiramente, vamos usar o coringa * da mesma forma que fizemos para responder à segunda questão, "*Alunos cujo nome contém R*", porém faremos uma para *Excel* e outra para *VBA*. No exemplo da nossa planilha, poderíamos simplesmente procurar *Excel** (Nomes de cursos começados com Excel) e **VBA* (nomes de cursos terminados com VBA).

=CONT.SE(C3:G3;"Excel*") + CONT.SE(C3:G3;"*VBA")

Contudo, no dia a dia, muitas vezes temos de *prever* as possíveis alterações que a planilha pode sofrer e deixar nossa função o mais abrangente possível. Tentando, portanto, *prever* possíveis nomes novos que possam ser incluídos na planilha, vamos aumentar a abrangência da nossa função, colocando o coringa no começo e no final de cada critério.

=CONT.SE(C3:G3;"*Excel*") + CONT.SE(C3:G3;"*VBA*")

Assim fica a planilha atualizada com todas as fórmulas:

Nome do Aluno	Word	Excel	PowerPoint	Excel Avançado	Linguagem VBA	
			Notas dos Cursos do Senac			
Anselmo	7,0	6,7	8,0	7,2	6,0	Alunos cujo Nome Inicia com "R" → 3
Davi	N/A	7,5	9,0	N/A	7,0	
Edmundo	6,5	6,2	9,5	7,4	9,5	Alunos cujo Nome Contém "R" → 5
Estevan	9,0	8,6	7,5	8,4	10,0	
Gabriel	8,0	7,6	9,0	8,2	6,0	
Léia	6,0	N/A	10,0	7,2	8,0	Provas com Notas Acima de "7" → 35
Leonardo	10,0	9,5	7,0	8,8	7,5	
Regina	7,0	6,7	8,0	7,2	N/A	
Ricardo	9,5	9,0	N/A	8,2	7,5	Cursos de Excel → 3
Rita	6,0	5,7	8,0	6,6	10,0	
Eliel	8,0	7,6	9,5	8,4	6,5	

Observe que, se houver um curso com nome que contenha *Excel* e *VBA*, será contado duas vezes.

Diferenciando o uso de CONT.SE e CONT.SES

O uso da função *CONT.SES* é indicado quando mais de um critério deve ser aplicado para um conjunto de dados (que pode ser o mesmo ou conjuntos compostos de dados).

Vamos analisar uma outra forma de organizar a planilha de cursos:

⊿ A	B	C	D	E	F	G	H	I
1			Notas dos Cursos do Senac					
2								
3	Tipo	Aplicativo	Aplicativo	Aplicativo	Aplicativo	Linguagem		
4	Nome	Word	Excel	PowerPoint	Excel	VBA		
5	Nível	Básico	Básico	Básico	Avançado	Avançado		Cursos de Aplicativos Avançados
6	Anselmo	7,0	6,7	8,0	7,2	6,0		Cursos de Aplicativos Avançados
7	Davi	N/A	7,5	9,0	N/A	7,0		???
8	Edmundo	6,5	6,2	9,5	7,4	9,5		
9	Estevan	9,0	8,6	7,5	8,4	10,0		Quantos Cursos de Excel
10	Gabriel	8,0	7,6	9,0	8,2	6,0		???
11	Léia	6,0	N/A	10,0	7,2	8,0		
12	Leonardo	10,0	9,5	7,0	8,8	7,5		Quantos Cursos de Excel Avançado
13	Regina	7,0	6,7	8,0	7,2	N/A		???
14	Ricardo	9,5	9,0	N/A	8,2	7,5		
15	Rita	6,0	5,7	8,0	6,6	10,0		
16	Eliel	8,0	7,6	9,5	8,4	6,5		

Nessa nova organização, os títulos estão separados em linhas diferentes, e isso possibilita criar critérios separados que, quando reunidos, podem diferenciar os cursos de forma mais clara.

Para responder à primeira pergunta, "Quantos *cursos de aplicativos avançados* temos na planilha?", deveríamos compor dois critérios diferentes: na linha 3 = *Aplicativo* e na linha 5 = *Avançado*.

Para fazer essa composição, agora sim, vamos usar a função *CONT.SES*, observando que os intervalos colocados nela sempre devem possuir a mesma quantidade de linhas e colunas, para que o Excel possa compor os critérios. Serão contadas as células em que todos os conjuntos obedeçam aos critérios estipulados. Então, temos:

=CONT.SES(C3:G3;"Aplicativo";C5:G5;"Avançado")

Observe que não estamos procurando dois intervalos separados e somando as contagens, mas, sim, encontrando as ocorrências em que os dois critérios são respeitados ao mesmo tempo.

Quantidade de *Cursos de Aplicativos = 4 (C3, D3, E3, F3)*

Quantidade de *Cursos Avançados = 2 (F5, G5)*

Quantidades de *Cursos de Aplicativos Avançados = 1 (F3-F5)*

I7			fx	=CONT.SES(C3:G3;"Aplicativo";C5:G5;"Avançado")				
⊿ A	B	C	D	E	F	G	H	I
1			Notas dos Cursos do Senac					
2								
3	Tipo	Aplicativo	Aplicativo	Aplicativo	Aplicativo	Linguagem		
4	Nome	Word	Excel	PowerPoint	Excel	VBA		
5	Nível	Básico	Básico	Básico	Avançado	Avançado		
6	Anselmo	7,0	6,7	8,0	7,2	6,0		Cursos de Aplicativos Avançados
7	Davi	N/A	7,5	9,0	N/A	7,0		1
8	Edmundo	6,5	6,2	9,5	7,4	9,5		
9	Estevan	9,0	8,6	7,5	8,4	10,0		Quantos Cursos de Excel
10	Gabriel	8,0	7,6	9,0	8,2	6,0		???
11	Léia	6,0	N/A	10,0	7,2	8,0		
12	Leonardo	10,0	9,5	7,0	8,8	7,5		Quantos Cursos de Excel Avançado
13	Regina	7,0	6,7	8,0	7,2	N/A		???
14	Ricardo	9,5	9,0	N/A	8,2	7,5		
15	Rita	6,0	5,7	8,0	6,6	10,0		
16	Eliel	8,0	7,6	9,5	8,4	6,5		

Resolvendo a possibilidade de duplicação

Na planilha anterior, nossa função *CONT.SE* que respondia à pergunta *"Quantos cursos de Excel* há na planilha?" possuía o risco de duplicar caso alguém adicionasse um nome de curso que possuísse as palavras *Excel* e *VBA* no mesmo nome.

Agora, com essa nova organização, podemos fazer uma função que responda a mesma pergunta sem o risco de duplicação, uma vez que é possível separar os critérios e criar duas *CONT.SES*, uma para os cursos de *Aplicativos* com nome **Excel** e outra para os cursos de *Linguagem* com nome **VBA**.

A função para encontrar os cursos de *Aplicativo* + **Excel** ficará assim:

=CONT.SES(C3:G3;"Aplicativo";C4:G4;"*Excel*")

A função para encontrar os cursos de *Linguagem* + **VBA** ficará assim:

= CONT.SES(C3:G3;"Linguagem";C4:G4;"*VBA*")

Agora, somando as duas, temos:

=CONT.SES(C3:G3;"Aplicativo";C4:G4;"*Excel*")+

CONT.SES(C3:G3;"Linguagem";C4:G4;"*VBA*")

Com a planilha atualizada, observamos que três cursos atendem aos critérios.

	Notas dos Cursos do Senac						
Tipo	Aplicativo	Aplicativo	Aplicativo	Aplicativo	Linguagem		
Nome	Word	Excel	PowerPoint	Excel	VBA		
Nível	Básico	Básico	Básico	Avançado	Avançado		
Anselmo	7,0	6,7	8,0	7,2	6,0	**Cursos de Aplicativos Avançados**	
Davi	N/A	7,5	9,0	N/A	7,0	**1**	
Edmundo	6,5	6,2	9,5	7,4	9,5		
Estevan	9,0	8,6	7,5	8,4	10,0	**Quantos Cursos de Excel**	
Gabriel	8,0	7,6	9,0	8,2	6,0	**3**	
Léia	6,0	N/A	10,0	7,2	8,0		
Leonardo	10,0	9,5	7,0	8,8	7,5	**Quantos Cursos de Excel Avançado**	
Regina	7,0	6,7	8,0	7,2	N/A	**???**	
Ricardo	9,5	9,0	N/A	8,2	7,5		
Rita	6,0	5,7	8,0	6,6	10,0		
Eliel	8,0	7,6	9,5	8,4	6,5		

Célula I10: =CONT.SES(C3:G3;"Aplicativo";C4:G4;"*Excel*")+CONT.SES(C3:G3;"Linguagem";C4:G4;"*VBA*")

Finalmente, vamos atualizar as planilhas, mudando o nome do curso de *VBA* para *Excel com VBA* e analisar os resultados.

G	H	I
Excel com VBA		Alunos cujo Nome Inicia com "R"
6,0		3
7,0		
9,5		Alunos cujo Nome Contém "R"
10,0		5
6,0		
8,0		Provas com Notas Acima de "7"
7,5		35
N/A		
7,5		Cursos de Excel
10,0		4
6,5		

G	H	I
Linguagem		
Excel com VBA		
Avançado		
6,0		Cursos de Aplicativos Avançados
7,0		1
9,5		
10,0		Quantos Cursos de Excel
6,0		3
8,0		
7,5		Quantos Cursos de Excel Avançado
N/A		???
7,5		
10,0		
6,5		

Podemos concluir que realmente a primeira função que montamos (à esquerda) não atende ante a possibilidade de mudança de nome e indica que são quatro cursos, quando, na realidade, são três. Já a segunda opção (à direita) está correta para ambas as situações.

Acrescentando critérios

Para responder a última questão proposta, "*Quantos cursos de Excel avançado*", observe que basta incluir o critério de *Nível = Avançado* na função que acabamos de criar. Assim, temos:

=CONT.SES(C3:G3;"Aplicativo";C4:G4;"*Excel*";C5:G5;"Avançado")+

CONT.SES(C3:G3;"Linguagem";C4:G4;"*VBA*";C5:G5;"Avançado")

Agora com a planilha atualizada, vemos que há dois cursos *Avançados de Excel*.

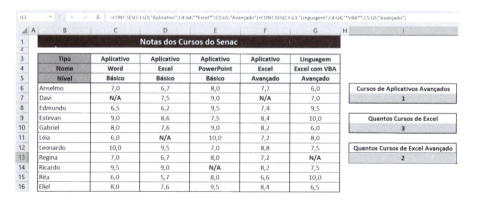

 LEMBRE-SE: Ao incluir critérios, sempre haverá *manutenção ou diminuição* do resultado da contagem, porque a torna *mais restritiva*. Quando há necessidade somar outras contagens, a melhor alternativa é compor funções.

Novas funções MÁXIMOSES e MÍNIMOSES

A versão 2019 do Excel introduziu duas novas funções de estatística bem interessantes e que já *reúnem* as variações *SE* e *SES* em uma mesma função. Assim, as funções *MÁXIMO* e *MÍNIMO* ganharam suas versões *MÁXIMOSES* e *MÍNIMOSES*. A seguir vamos montar uma variação da planilha de notas do Senac para entender o uso dessa função.

	A	B	C	D	E	F	G	H	I	J	K
1				Notas dos Cursos do Senac							
3		Tipo	Aplicativo	Aplicativo	Aplicativo	Aplicativo	Linguagem		Maior Nota		Menor Nota
4		Nome	Word	Excel	PowerPoint	Excel	Excel com VBA				
5		Nível	Básico	Básico	Básico	Avançado	Avançado		Básico		Avançado
6	Anselmo		7,0	6,7	8,0	7,2	6,0		8,0		6,0
7	Davi		N/A	7,5	9,0	N/A	7,0		9,0		7,0
8	Edmundo		6,5	6,2	9,5	7,4	9,5		9,5		7,4
9	Estevan		9,0	8,6	7,5	8,4	10,0		9,0		8,4
10	Gabriel		8,0	7,6	9,0	8,2	6,0		9,0		6,0
11	Léia		6,0	N/A	10,0	7,2	8,0		10,0		7,2
12	Leonardo		10,0	9,5	7,0	8,8	7,5		10,0		7,5
13	Regina		7,0	6,7	8,0	7,2	N/A		8,0		7,2
14	Ricardo		9,5	9,0	N/A	8,2	7,5		9,5		7,5
15	Rita		6,0	5,7	8,0	6,6	10,0		8,0		6,6
16	Eliel		8,0	7,6	9,5	8,4	6,5		9,5		6,5

Nessa variação da planilha, adicionamos duas colunas no final (*I* e *K*), em que se pode escolher entre as opções *Avançado* ou *Básico*, e o Excel devolverá a *Maior* e a *Menor Nota*, respeitando a seleção do nível de curso.

As funções *MÁXIMOSES* e *MÍNIMOSES* seguem a mesma lógica apresentada para as anteriores, porém vamos adicionar dois detalhes na confecção das funções seguintes. Para montar a função inicialmente na linha *6* e depois copiar para as demais, temos de lembrar de alternar as referências absolutas e relativas. Além disso, para que a função respeite a seleção feita na linha *5*, é necessário usar referência à célula, e não um critério fixo.

Assim teremos a função para retornar a *Nota Máxima* (criar na célula *I6* e depois colar):

=MÁXIMOSES(C6:G6;$C$5:$G$5;$I$5)

E a função para retornar a nota mínima (criar na célula *K6* e depois colar):

=MÍNIMOSES(C6:G6;$C$5:$G$5;$K$5)

Lembrando que nas células *I5* e *K5*, utilizamos *validação de dados* (que aprendemos no livro *Excel 2019* (Básico) para criar as opções de seleção.

 NOTE: Sempre que possível, prefira utilizar referência às células em vez de fixar os valores nas funções. Essa prática cria funções mais flexíveis e funcionais.

Prefira: =MÁXIMOSES(C6:G6;$C$5:$G$5;$I$5)

Em vez de: =MÁXIMOSES(C6:G6;$C$5:$G$5;"Básico")

Exercícios propostos
(Resolução no final do livro)

Para fazer os exercícios seguintes, utilize a planilha *Capítulo 4 – Exercícios Resolvidos.xlsx*.

Exercício 1

Observe a planilha a seguir, *Produção,* referente aos produtos de uma determinada empresa que produz parafusos.

Data	Máquina	Código	Nome	Quantidade	Observação	DIÁRIA	Produção
01/05/2021	1	ALLE	Parafuso Allen	150	Produção Normal	8 h/d	Nok
01/05/2021	2	CCHA	Parafuso Cabeça chata	99	Produção Normal	8 h/d	Nok
02/05/2021	1	PHIL	Parafuso Phillips	242	Produção Normal	8 h/d	Nok
02/05/2021	2	PHIL	Parafuso Phillips	150	Produção Normal	8 h/d	Nok
03/05/2021	1	SEXT	Parafuso Sextavado	0	Problemas equipamentos	8 h/d	Ok
03/05/2021	2	ALLE	Parafuso Allen	130	Produção Normal	8 h/d	Nok
04/05/2021	1	CCHA	Parafuso Cabeça chata	95	Produção Normal	8 h/d	Nok
04/05/2021	2	PHIL	Parafuso Phillips	240	Produção Normal	8 h/d	Nok
05/05/2021	1	ALLE	Parafuso Allen	200	Produção Normal	8 h/d	Nok
05/05/2021	2	CCHA	Parafuso Cabeça chata	150	Produção Normal	8 h/d	Nok
06/05/2021	1	PHIL	Parafuso Phillips	0	Problemas equipamentos	8 h/d	Ok
06/05/2021	2	ALLE	Parafuso Allen	95	Produção Normal	8 h/d	Nok
07/05/2021	1	SEXT	Parafuso Sextavado	199	Produção Normal	8 h/d	Nok
07/05/2021	2	SEXT	Parafuso Sextavado	99	Produção Normal	8 h/d	Nok
08/05/2021	1	CCHA	Parafuso Cabeça chata	0	Problemas equipamentos	8 h/d	Ok
08/05/2021	2	SEXT	Parafuso Sextavado	180	Produção Normal	8 h/d	Nok

A empresa tem duas máquinas e produz quatro tipos diferentes de parafusos. A equipe de produção dela precisa saber:

- Quantas vezes alguma das máquinas ficou com produção zerada?
- Quantas vezes a produção superou o nível esperado de *duzentos produtos*?
- Quantas vezes a produção ficou abaixo da média (desconsiderando a produção zerada)?

Exercício 2

Utilizando a mesma planilha do Exercício 1, a equipe de produção precisa agora calcular qual foi a produção máxima e a mínima *para cada uma* das máquinas.

	A	B	C	D	E	F	G	H
1				**TABELA DE PRODUÇÃO**				
3	Data	Máquina	Código	Nome	Quantidade	Observação	DIÁRIA	Produção
4	01/05/2021	1	ALLE	Parafuso Allen	150	Produção Normal	8 h/d	Nok
5	01/05/2021	2	CCHA	Parafuso Cabeça chata	99	Produção Normal	8 h/d	Nok
6	02/05/2021	1	PHIL	Parafuso Phillips	242	Produção Normal	8 h/d	Nok
7	02/05/2021	2	PHIL	Parafuso Phillips	150	Produção Normal	8 h/d	Nok
8	03/05/2021	1	SEXT	Parafuso Sextavado	0	Problemas equipamentos	8 h/d	Ok
9	03/05/2021	2	ALLE	Parafuso Allen	130	Produção Normal	8 h/d	Nok
10	04/05/2021	1	CCHA	Parafuso Cabeça chata	95	Produção Normal	8 h/d	Nok
11	04/05/2021	2	PHIL	Parafuso Phillips	240	Produção Normal	8 h/d	Nok
12	05/05/2021	1	ALLE	Parafuso Allen	200	Produção Normal	8 h/d	Nok
13	05/05/2021	2	CCHA	Parafuso Cabeça chata	150	Produção Normal	8 h/d	Nok
14	06/05/2021	1	PHIL	Parafuso Phillips	0	Problemas equipamentos	8 h/d	Ok
15	06/05/2021	2	ALLE	Parafuso Allen	95	Produção Normal	8 h/d	Nok
16	07/05/2021	1	SEXT	Parafuso Sextavado	199	Produção Normal	8 h/d	Nok
17	07/05/2021	2	SEXT	Parafuso Sextavado	99	Produção Normal	8 h/d	Nok
18	08/05/2021	1	CCHA	Parafuso Cabeça chata	0	Problemas equipamentos	8 h/d	Ok
19	08/05/2021	2	SEXT	Parafuso Sextavado	180	Produção Normal	8 h/d	Nok

Anotações

5
Funções de banco de dados

Objetivos

» Entender o conceito de banco de dados em Excel.

» Aprender a lógica das funções de banco de dados.

» Conhecer as funções básicas: *BDSOMA* e *BDMÉDIA*.

» Fazer contagens com *BDCONTAR* e *BDCONTARA*.

» Descobrir como substituir a *PROCV* pela função *BDEXTRAIR*.

Para acompanhar os exemplos didáticos do capítulo, use a planilha: *Capítulo 5 – Exemplos Didáticos.xlsx*.

Em minhas aulas de Excel, tenho percebido que aprender a usar as funções de banco de dados é uma das coisas que mais incrementam a produtividade dos alunos. Além de simples de usar, elas ajudam a melhorar a organização da planilha de uma forma geral.

Usar o conceito de *banco de dados* em Excel auxilia não só no uso das funções de banco de dados, mas no uso de tabelas e muitos outros recursos que podem aumentar a qualidade e a produtividade do trabalho com as planilhas.

USANDO BANCO DE DADOS EM EXCEL

Usar o conceito de banco de dados em Excel é bem simples, basta seguir algumas diretrizes básicas para mantê-los com melhor disponibilidade e não é necessário usar recurso específico algum. É, literalmente, aprender a organizar os dados da maneira mais fácil de manuseá-los.

Adotaremos como base uma das planilhas que fizemos para responder às questões do Luciano no capítulo 3, "Funções de matemática e finanças":

	A	B	C	D	E	F	G
			G4		fx	=SOMASES(D2:D9;B2:B9;F4;C2:C9;F5)	
1	**Data**	**Tipo de Gasto**	**Estabelecimento**	**Valor**			
2	4/10	Almoço	Padaria Uno	R$ 27,80			
3	4/10	Café	Cafeteria Xis	R$ 5,25			
4	4/10	Analgésico	Farmácia da Esquina	R$ 8,50		**Almoço**	R$ 82,40
5	5/10	Almoço	Churrascaria Boi Bravo	R$ 49,50		**Padaria Uno**	
6	5/10	Café	Cafeteria Xis	R$ 6,20			
7	6/10	Almoço	Padaria Uno	R$ 25,30			
8	7/10	Almoço	Padaria Uno	R$ 29,30			
9	7/10	Café	Padaria Uno	R$ 8,30			

Nesse caso o intervalo *A1:D9* representa o formato de banco de dados em Excel. Isso porque respeita algumas regras básicas:

- *Rótulos na primeira linha*: para que uma planilha tenha dados bem distribuídos e de fácil acesso, uma das regras mais simples é manter a primeira linha como uma *linha de rótulos*. Isso faz o Excel, em várias funcionalidades, determinar quais dados estão em cada coluna.

- *Rótulos sem células mescladas*: mesclar células em alguns momentos pode ser interessante, mas muito cuidado ao fazê-lo porque isso quebra a *linearidade* das informações e faz o Excel ter dificuldade de executar várias funcionalidades (como as funções, por exemplo).

- *Dados alinhados exatamente abaixo dos rótulos*: para que as duas diretrizes anteriores cumpram seu papel, o melhor é manter os dados adjacentes (colados) logo abaixo da linha de rótulos. Também é importante manter os dados coerentes com o rótulo de dados e não misturar informações diferentes na mesma coluna.

- *Dados uniformes, sem células mescladas*: a regra de não mesclar células vale também para os dados que estão abaixo dos rótulos. Manter os dados sem mescla facilita a interpretação das informações e permite ao Excel identificar os dados uniformemente.
- *Não manter linhas vazias no meio dos dados*: para complementar, manter todos os dados um abaixo do outro facilita a identificação da base de dados como um todo.

Funções de banco de dados mais utilizadas

A partir de agora, vamos recriar algumas das funções que fizemos nos capítulos anteriores usando as de banco de dados.

NOTE: As funções de banco de dados podem ser muito mais simples, desde que se use a organização correta na planilha.

BDSOMA – *Substituindo a* SOMASES

Aproveitando a planilha em que analisamos o formato de banco de dados, vamos recriar a soma com dois critérios que fizemos com a função *SOMASES* no capítulo 3, "Funções de matemática e finanças". Para isso, faremos alguns ajustes para usar a função *BDSOMA;* analisando os parâmetros *pedidos* por ela, percebemos que as funções de banco de dados são quase todas idênticas no que se refere a parâmetros.

- *Banco_dados*: assim como vimos no começo do capítulo, a união entre a linha de rótulos e os dados abaixo dessa linha formam o banco de dados. Ao informar o intervalo em que estão os dados em sua planilha, dê preferência para informar a base de dados inteira; normalmente, é melhor deixá-la travada (ou seja, usar referência absoluta). Nesse nosso exemplo, teríamos *$A$1:$D$9*.
- *Campo*: como o Excel entende o formato, nas funções de banco de dados, basta informar o nome do campo, exatamente da mesma forma que estiver escrito na linha de rótulo (primeira linha do intervalo). O nome do campo pode ser colocado diretamente na função, mas dê preferência a informar a referência de uma célula em que esteja o nome do campo desejado. No caso do nosso exemplo, o campo que queremos somar é *Valor*.
- *Critérios*: essa é a parte que mais diferencia as funções de banco de dados, já que o parâmetro é apenas um intervalo em que estarão os critérios. Vamos detalhar esse parâmetro a seguir.

Critérios em funções de banco de dados

Aprender a organizar os critérios é parte essencial de se trabalhar com funções de banco de dados. Na planilha que vamos criar, queremos somar os valores que foram gastos com *Almoço* na *Padaria Uno*. Nesse caso, podemos usar os parâmetros da seguinte forma:

Tipo de Gasto	Estabelecimento
Almoço	Padaria Uno
Total	R$ 82,40

Observe que a qualquer momento é possível mudar os critérios com muito mais facilidade que as demais funções. Vamos analisar a função BDSOMA que foi colocada na célula G4.

=BDSOMA($A$1:$D$9;$D$1;F2:G3)

Foram usadas as referências ao banco de dados $A$1:$D$9; em seguida, a referência ao próprio rótulo do campo *Valor* na linha de rótulos $D$1 e, finalmente, o intervalo de critérios que criamos: F2:G3.

E, comparando com a planilha anterior, vemos que o resultado está correto!

BDMÉDIA – Substituindo a MÉDIASES

Em seguida substituiremos a função MÉDIASES que fizemos no capítulo 4, "Funções de estatística", para mostrar como as funções de banco de dados são realmente muito parecidas. Como já sabemos o formato de organização dos critérios, podemos agora explorar as variações na forma de montá-los.

Seguindo a lógica que usamos na planilha anterior, teríamos a planilha de média assim:

G4		fx	=BDMÉDIA($A$1:$D$9;$D$1;F2:G3)				
	A	**B**	**C**	**D**	**E**	**F**	**G**
1	Data	Tipo de Gasto	Estabelecimento	Valor			
2	3/9	Almoço	Restaurante da Esquina	R$ 32,50		**Tipo de Gasto**	**Estabelecimento**
3	3/9	Café	Cafeteria dos Amigos	R$ 6,25		Almoço	Restaurante da Esquina
4	3/9	Curativos	Farmácia Velha	R$ 12,00		Total	R$ 40,13
5	4/9	Almoço	Restaurante da Esquina	R$ 52,00			
6	4/9	Café	Cafeteria dos Amigos	R$ 8,30			
7	5/9	Almoço	Padaria Uno	R$ 25,65			
8	6/9	Almoço	Restaurante da Esquina	R$ 35,90			
9	6/9	Café	Cafeteria dos Amigos	R$ 9,80			

Podemos comparar com a planilha que montamos no capítulo 4, "Funções de estatística", e veremos que o valor está correto. Mas existe um ponto importante de diferença nos critérios das funções de banco de dados (*o uso implícito do coringa sem* *). Observe a planilha a seguir com o critério de *Estabelecimento* apenas como *Restaurante*.

G4		fx	=BDMÉDIA($A$1:$D$9;$D$1;F2:G3)				
	A	**B**	**C**	**D**	**E**	**F**	**G**
1	Data	Tipo de Gasto	Estabelecimento	Valor			
2	3/9	Almoço	Restaurante da Esquina	R$ 32,50		**Tipo de Gasto**	**Estabelecimento**
3	3/9	Café	Cafeteria dos Amigos	R$ 6,25		Almoço	Restaurante
4	3/9	Curativos	Farmácia Velha	R$ 12,00		Total	R$ 40,13
5	4/9	Almoço	Restaurante da Esquina	R$ 52,00			
6	4/9	Café	Cafeteria dos Amigos	R$ 8,30			
7	5/9	Almoço	Padaria Uno	R$ 25,65			
8	6/9	Almoço	Restaurante da Esquina	R$ 35,90			
9	6/9	Café	Cafeteria dos Amigos	R$ 9,80			

Embora em um primeiro momento possa parecer mais fácil, vamos ver o que acontece se tivermos uma outra linha que contenha, por exemplo, um estabelecimento chamado *Restaurante*. Note que a função foi atualizada para contemplar mais uma linha no banco de dados:

=BDMÉDIA($A$1:$D$10;$D$1;F2:G3)

Observe também que o valor agora contempla a linha nova, e isso pode causar equívocos.

G4		fx	=BDMÉDIA($A$1:$D$10;$D$1;F2:G3)				
	A	**B**	**C**	**D**	**E**	**F**	**G**
1	Data	Tipo de Gasto	Estabelecimento	Valor			
2	3/9	Almoço	Restaurante da Esquina	R$ 32,50		**Tipo de Gasto**	**Estabelecimento**
3	3/9	Café	Cafeteria dos Amigos	R$ 6,25		Almoço	Restaurante
4	3/9	Curativos	Farmácia Velha	R$ 12,00		Total	R$ 35,10
5	4/9	Almoço	Restaurante da Esquina	R$ 52,00			
6	4/9	Café	Cafeteria dos Amigos	R$ 8,30			
7	5/9	Almoço	Padaria Uno	R$ 25,65			
8	6/9	Almoço	Restaurante da Esquina	R$ 35,90			
9	6/9	Café	Cafeteria dos Amigos	R$ 9,80			
10	7/9	Almoço	Restaurante	R$ 20,00			

Perceba que agora temos um possível problema se quisermos selecionar apenas o estabelecimento *Restaurante*. Nesse caso, para especificar um valor exato, deveremos ter na célula um igual e o valor desejado, como por exemplo: =Restaurante.

Porém há um problema, caso digitemos *=Restaurante* na célula, o Excel vai entender que o igual (=) é de uma fórmula ou função e gerará um erro. Portanto, há duas formas de fazer essa digitação:

Primeira forma: digite um igual (=) e depois entre aspas "=Restaurante".

Assim: ="=Restaurante"

Segunda forma: digite uma aspa simples ' e depois =Restaurante.

Assim: '=Restaurante

Lembrando que, dessa maneira, *pedimos* o valor exato, como no exemplo a seguir:

	A	B	C	D	E	F	G
1	Data	Tipo de Gasto	Estabelecimento	Valor			
2	3/9	Almoço	Restaurante da Esquina	R$ 32,50		Tipo de Gasto	Estabelecimento
3	3/9	Café	Cafeteria dos Amigos	R$ 6,25		Almoço	=Restaurante
4	3/9	Curativos	Farmácia Velha	R$ 12,00		Total	R$ 20,00
5	4/9	Almoço	Restaurante da Esquina	R$ 52,00			
6	4/9	Café	Cafeteria dos Amigos	R$ 8,30			
7	5/9	Almoço	Padaria Uno	R$ 25,65			
8	6/9	Almoço	Restaurante da Esquina	R$ 35,90			
9	6/9	Café	Cafeteria dos Amigos	R$ 9,80			
10	7/9	Almoço	Restaurante	R$ 20,00			

O mesmo poderia ser aplicado a *=Restaurante da Esquina*.

NOTE: As funções não sofrem alteração além dos critérios que estão na planilha, facilitando o uso até por outras pessoas que conheçam de fato Excel.

BDCONTAR e BDCONTARA – *Detalhes das funções de banco de dados*

Em alguns momentos, o uso das funções de banco de dados pode ser muito mais adequado que o das demais funções, porém é preciso reconhecer os momentos em que as funções de banco de dados não forem as mais recomendadas.

Recordando as funções que montamos no capítulo 4, "Funções de estatística", vamos analisar, na planilha a seguir, se seria adequado usar funções de banco de dados:

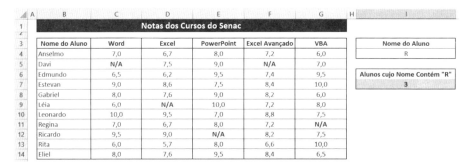

Para responder a primeira pergunta, *Alunos cujo Nome Inicia com "R"*, montamos a seguinte função:

=CONT.SE(B4:B14;" R*")

Observe que, no caso das funções de banco de dados, por serem mais estruturadas, o que muda é a organização do intervalo de critérios e não a função em si.

Nesse caso as funções são quase equivalentes, já que, de forma fácil, é possível montar os critérios como a planilha a seguir:

A função de banco de dados usada nesse caso é a *BDCONTARA*:

=BDCONTARA($B$3:$G$14;$B$3;I3:I4)

As referências absolutas utilizadas na função ($) são as opções mais comuns, para *travar* o banco de dados e o campo. Os critérios normalmente ficam livres porque, ao copiar para outro lugar na planilha, podem mudar. Porém tudo depende da necessidade de cada planilha; não existe regra geral.

O banco de dados utilizado $B$3:$G$14 também pode variar, porém o mais comum é usar todo o intervalo disponível para facilitar caso haja necessidades de mudanças na função.

LEMBRE-SE: No caso das funções de banco de dados, não é necessário usar os coringas para este tipo de critérios.

BDCONTARA – *Usando coringas nos critérios*

Embora no critério anterior o coringa não fizesse falta, quando estiver no começo do critério ele será necessário. Para fazer a contagem dos *Alunos cujo Nome Contém "R"*, é preciso usar o seguinte critério: *R.

Nome do Aluno	Word	Excel	PowerPoint	Excel Avançado	VBA		Nome do Aluno
Anselmo	7,0	6,7	8,0	7,2	6,0		*R
Davi	N/A	7,5	9,0	N/A	7,0		
Edmundo	6,5	6,2	9,5	7,4	9,5		Alunos cujo Nome Contém "R"
Estevan	9,0	8,6	7,5	8,4	10,0		5
Gabriel	8,0	7,6	9,0	8,2	6,0		
Léia	6,0	N/A	10,0	7,2	8,0		
Leonardo	10,0	9,5	7,0	8,8	7,5		
Regina	7,0	6,7	8,0	7,2	N/A		
Ricardo	9,5	9,0	N/A	8,2	7,5		
Rita	6,0	5,7	8,0	6,6	10,0		
Eliel	8,0	7,6	9,5	8,4	6,5		

Notas dos Cursos do Senac

OBSERVE: Nesse caso não é possível usar o igual (=) para não anular o coringa. Pode-se usar aspas ou aspas simples no começo, mas o Excel automaticamente formatará como texto, mesmo se não for colocado. No caso de usar "=*R", o resultado será zero.

BDCONTAR – *Quando as funções de banco de dados não são as mais adequadas*

Em alguns momentos, embora se possam usar as funções de banco de dados, as convencionais são mais adequadas. A *BDCONTAR* tem função semelhante à *CONT.NÚM* ou *CONT.SE* e *CONT.SES* quando usados critérios numéricos. No entanto, a função que montamos no capítulo 4, "Funções de estatística", para responder a questão "Quantas provas tem nota > 7" é muito mais eficiente que uma possível *BDCONTAR*.

Lembre a função que usamos:

=*CONT.SE(C4:G14;" >7")*

Observe como a função é extremamente simples, e, para criar uma de banco de dados, devemos sempre referenciar qual o *campo* a ser utilizado. Assim, não é possível utilizar a função de banco de dados de forma eficiente e rápida como a *CONT.SE* em questão.

> **NOTE:** Entender onde se pode usar as funções de banco de dados com mais eficiência é fundamental para escolher o tipo de função a ser usado em cada situação.

E em qual cenário a função de contagem de banco de dados seria mais eficiente que a *convencional*?

Nome do Aluno	Word	Excel	PowerPoint	Excel Avançado	VBA		Curso	Word
Anselmo	7,0	6,7	8,0	7,2	6,0		Nota	>=10
Davi	N/A	7,5	9,0	N/A	7,0			
Edmundo	6,5	6,2	9,5	7,4	9,5			
Estevan	9,0	8,6	7,5	8,4	10,0		Quantidade de Notas	
Gabriel	8,0	7,6	9,0	8,2	6,0		1	
Léia	6,0	N/A	10,0	7,2	8,0			
Leonardo	10,0	9,5	7,0	8,8	7,5			
Regina	7,0	6,7	8,0	7,2	N/A			
Ricardo	9,5	9,0	N/A	8,2	7,5			
Rita	6,0	5,7	8,0	6,6	10,0			
Eliel	8,0	7,6	9,5	8,4	6,5			

Observe que nesta nova planilha, na célula *J3*, é possível escolher um curso específico e, logo abaixo, na célula *J4*, estipular uma *nota de corte*. Nesse caso a função de banco de dados já é mais interessante. Quanto mais campos entrarem na função, mais vale a pena usar as de banco de dados, porque a tornam mais simples e deixam a complexidade para os parâmetros (que podemos organizar de forma mais fácil e intuitiva).

COMBINANDO FUNÇÕES DE BANCO DE DADOS

Há diversas formas de combinar funções:

- *Aninhar funções*: quando precisamos colocar uma ou mais funções *dentro* de outra, podemos dizer que estamos *aninhando funções*. Essa é uma das formas mais comuns de usar combinações de funções.

- *Operações com funções*: quando usamos estruturas do tipo CONTSE() + CONT.SE(), por exemplo, fazemos uma operação de soma com funções. Podemos executar diferentes tipos de operações com diversas funções.

- *Compor funções*: uma composição pode ser feita quando usamos o resultado de uma função para criar outra. É semelhante às duas formas anteriores, mas, nessa terceira opção, produzimos nossos dados e nossa planilha para funcionar com uma lógica específica.

No item seguinte, vamos *compor* o resultado que estamos procurando com duas *BDEXTRAIR*. Para essa composição, a organização da planilha é fundamental.

BDEXTRAIR – *Extraindo informações sem usar* PROCV

Baseando-se na planilha a seguir, que usamos para exemplificar a *CONT.SES*, vamos analisar como reorganizar outra no formato de banco de dados e possibilitar o uso de funções como a *BDEXTRAIR*.

	Tipo	Aplicativo	Aplicativo	Aplicativo	Aplicativo	Linguagem
	Nome	Word	Excel	PowerPoint	Excel	Excel com VBA
	Nível	Básico	Básico	Básico	Avançado	Avançado
	Anselmo	7,0	6,7	8,0	7,2	6,0
	Davi	N/A	7,5	9,0	N/A	7,0
	Edmundo	6,5	6,2	9,5	7,4	9,5
	Estevan	9,0	8,6	7,5	8,4	10,0
	Gabriel	8,0	7,6	9,0	8,2	6,0
	Léia	6,0	N/A	10,0	7,2	8,0
	Leonardo	10,0	9,5	7,0	8,8	7,5
	Regina	7,0	6,7	8,0	7,2	N/A
	Ricardo	9,5	9,0	N/A	8,2	7,5
	Rita	6,0	5,7	8,0	6,6	10,0
	Eliel	8,0	7,6	9,5	8,4	6,5

(Título da planilha: Notas dos Cursos do Senac)

A *BDEXTRAIR* é uma função que busca (extrai) informação de um banco de dados, desde que seja possível localizar o campo de um registro específico. Diferentemente da *PROCV*, a *BDEXTRAIR* precisa encontrar um único registro na tabela para retornar a informação solicitada; o que facilita é ter certeza de que a informação encontrada é realmente a que se busca.

Observe que a planilha anterior não representa um banco de dados porque não respeita a regra de possuir *SOMENTE UMA* linha de rótulos. Organizar a planilha como fizemos anteriormente pode ser uma boa *saída* em alguns momentos, mas, sempre que possível, é melhor pensar como bancos de dados.

A forma mais fácil de transformar uma planilha dessas em um banco de dados é separar cada informação específica nele (ou tabela). Nesse caso, por exemplo, poderíamos criar uma planilha com as notas dos cursos e outra com as características deles.

	Nome	Curso 1	Curso 2	Curso 3	Curso 4	Curso 5		Código	Tipo	Nome	Nível
	Anselmo	7,0	6,7	8,0	7,2	6,0		Curso 1	Aplicativo	Word	Básico
	Davi	N/A	7,5	9,0	N/A	7,0		Curso 2	Aplicativo	Excel	Básico
	Edmundo	6,5	6,2	9,5	7,4	9,5		Curso 3	Aplicativo	PowerPoint	Básico
	Estevan	9,0	8,6	7,5	8,4	10,0		Curso 4	Aplicativo	Excel	Avançado
	Gabriel	8,0	7,6	9,0	8,2	6,0		Curso 5	Linguagem	Excel com VBA	Avançado
	Léia	6,0	N/A	10,0	7,2	8,0					
	Leonardo	10,0	9,5	7,0	8,8	7,5		Código	Tipo	Nome	Nível
	Regina	7,0	6,7	8,0	7,2	N/A		???			
	Ricardo	9,5	9,0	N/A	8,2	7,5					
	Rita	6,0	5,7	8,0	6,6	10,0			Nome		Nota
	Eliel	8,0	7,6	9,5	8,4	6,5					????

Nessa nova organização, temos dois bancos de dados, que respeitam as regras de organização e permitem usar funções como a *BDEXTRAIR* para localizar informações. Observe como é mais fácil usar esse tipo de função no exemplo a seguir.

Para responder a pergunta "Qual a nota do aluno *Estevan* no curso *Avançado de Excel – Aplicativo?*", podemos montar apenas duas *BDEXTRAIR* com uma organização bem simples.

Procurando um curso pelas características

A primeira etapa é montar uma função *BDEXTRAIR* para localizar o código do curso por meio das características dele. Para isso, vamos organizar o intervalo *I10:L11*.

Código	Tipo	Nome	Nível
Curso 1	Aplicativo	Word	Básico
Curso 2	Aplicativo	Excel	Básico
Curso 3	Aplicativo	PowerPoint	Básico
Curso 4	Aplicativo	Excel	Avançado
Curso 5	Linguagem	Excel com VBA	Avançado

Código	Tipo	Nome	Nível
???	Aplicativo	Excel	Avançado

Nome	Nota
	????

Montaremos uma função *BDEXTRAIR* na célula *I11* e colocaremos os critérios no intervalo *J10:L11*. Desta forma, a função terá os seguintes parâmetros:

- *Banco_dados*: o banco de dados a ser considerado é o conjunto de informações que descrevem os cursos disponíveis no *Senac*; nesse caso, o intervalo *$I$3:$L$8*.

- *Campo*: sempre devemos considerar como campo o rótulo da informação que gostaríamos de retornar; nesse caso, o próprio código que está na célula *$I$3*.

- *Critérios*: baseando-se na nossa reorganização, os critérios estão no intervalo *J10:L11*.

A função a ser montada na célula *I11*, ficaria assim:

=BDEXTRAIR($I$3:$L$8;$I$3;J10:L11)

Com a planilha atualizada, agora temos o código do curso que possui as características solicitadas; essa informação é o que conecta os dois *bancos de dados* e, com ela, podemos montar uma segunda *BDEXTRAIR* que procure a nota de um aluno ou uma aluna específica na tabela de notas *(B3:G14)*.

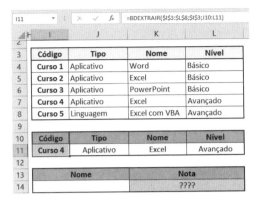

Agora montaremos a função *BDEXTRAIR* na célula *K14* para retornar a nota. Observe que, quando temos células mescladas (lembrando que se deve evitar ou ter muito cuidado ao fazer isso), podemos usar a referência da primeira célula do intervalo mesclado para referir-nos a ele.

- *Banco_dados*: o banco de dados a ser considerado é o conjunto de informações que contém as notas dos alunos; neste caso, *$B$3:$G$14*.

- *Campo*: sempre devemos considerar como campo o rótulo da informação que gostaríamos de retornar, ou seja, a nota que está no campo com o nome do curso especificado; neste caso, é o próprio resultado da função anterior que está em *$I$11*.

- *Critérios*: o novo critério é o nome do aluno que será escrito no intervalo *I13:I14* (aqui seria indiferente usar o intervalo *I3:J14*).

A função a ser montada na célula *K14*, ficaria assim:

=BDEXTRAIR($B$3:$G$14;$I$11;I13:I14)

Atualizando a planilha, podemos responder que a *Nota* do *Estevan* é 8,4.

NOTE: O resultado da segunda função é totalmente dependente da primeira; por esse motivo dizemos que estamos criando uma *composição de funções*.

Funções de banco de dados – 83

Exercício proposto
(Resolução no final do livro)

Exercício 1

Utilize a planilha Capítulo 5 – Exercícios Resolvidos.xlsx

Vamos refazer o exercício 1 do capítulo 4, "Funções de estatística", agora usando as funções de bancos de dados.

	A	B	C	D	E	F	G	H
1				**TABELA DE PRODUÇÃO**				
3	Data	Máquina	Código	Nome	Quantidade	Observação	DIÁRIA	Produção
4	01/05/2021	1	ALLE	Parafuso Allen	150	Produção Normal	8 h/d	Nok
5	01/05/2021	2	CCHA	Parafuso Cabeça chata	99	Produção Normal	8 h/d	Nok
6	02/05/2021	1	PHIL	Parafuso Phillips	242	Produção Normal	8 h/d	Nok
7	02/05/2021	2	PHIL	Parafuso Phillips	150	Produção Normal	8 h/d	Nok
8	03/05/2021	1	SEXT	Parafuso Sextavado	0	Problemas equipamentos	8 h/d	Ok
9	03/05/2021	2	ALLE	Parafuso Allen	130	Produção Normal	8 h/d	Nok
10	04/05/2021	1	CCHA	Parafuso Cabeça chata	95	Produção Normal	8 h/d	Nok
11	04/05/2021	2	PHIL	Parafuso Phillips	240	Produção Normal	8 h/d	Nok
12	05/05/2021	1	ALLE	Parafuso Allen	200	Produção Normal	8 h/d	Nok
13	05/05/2021	2	CCHA	Parafuso Cabeça chata	150	Produção Normal	8 h/d	Nok
14	06/05/2021	1	PHIL	Parafuso Phillips	0	Problemas equipamentos	8 h/d	Ok
15	06/05/2021	2	ALLE	Parafuso Allen	95	Produção Normal	8 h/d	Nok
16	07/05/2021	1	SEXT	Parafuso Sextavado	199	Produção Normal	8 h/d	Nok
17	07/05/2021	2	SEXT	Parafuso Sextavado	99	Produção Normal	8 h/d	Nok
18	08/05/2021	1	CCHA	Parafuso Cabeça chata	0	Problemas equipamentos	8 h/d	Ok
19	08/05/2021	2	SEXT	Parafuso Sextavado	180	Produção Normal	8 h/d	Nok

A empresa tem duas máquinas e produz quatro tipos diferentes de parafusos.

A equipe de produção da empresa precisa saber:

- Quantas vezes alguma das máquinas ficou com produção zerada?
- Quantas vezes a produção superou o nível esperado de *duzentos produtos?*
- Quantas vezes a produção ficou abaixo da média (desconsiderando a produção zerada)?

Não se esqueça de usar as funções de banco de dados.

Anotações

Anotações

6

Trabalhando com dados

Objetivos

» Como obter dados de fontes externas.

» O que é Access e como criar uma conexão com Excel.

» Como criar e editar consultas com o *PowerQuery*.

» Utilizando *Consultas e Conexões*.

Para acompanhar os exemplos didáticos do capítulo, use a planilha: *Capítulo 6 – Exemplos Didáticos.xlsx*.

No capítulo 5, "Funções de banco de dados", falamos do *formato de banco de dados* em Excel, que deriva de um termo muito mais abrangente que é o de *dados* e *bancos de dados*, de uma forma geral. Existem muitos aplicativos e ferramentas que têm como objetivo final guardar e fornecer dados a outros aplicativos, elas são conhecidas como ferramentas de *banco de dados*.

O próprio MS Office possui uma dessas ferramentas: o Access. Também podemos utilizar uma série de recursos no Excel com o objetivo de manipular dados e obtê-los de fontes externas. Além disso, vale lembrar que quase todos os aplicativos podem ser considerados fontes de dados externos, algumas fontes são mais adequadas e fáceis de manipular; outras, menos.

Obtendo dados de outras fontes

A fonte de dados mais simples, e muitas vezes utilizada exatamente por esse motivo, é um arquivo texto.*txt*. O Excel pode abri-lo nativamente, assim como pode ajudar o usuário a organizar os dados *importados* de um arquivo texto no formato de planilha.

Contudo existem outras fontes que podem ser mais interessantes, de acordo com cada perfil de empresa, trabalho ou necessidade do usuário da planilha, que vamos explorar um pouco neste capítulo.

Arquivo texto – Abrindo ou importando dados

Existe uma pequena diferença entre abrir um arquivo texto diretamente com Excel ou importar os dados daquele, embora o resultado seja parecido.

Pensemos no seguinte exemplo: Anselmo foi um dos alunos dos cursos do Senac que enviou um e-mail solicitando as suas notas. O e-mail de resposta trouxe um arquivo texto em anexo, como a figura a seguir.

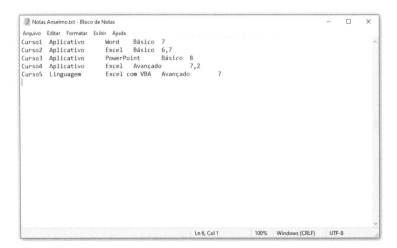

Esta tela é do bloco de notas e, para um *olho pouco treinado*, pode parecer um arquivo sem formato definido; contudo, esse é um arquivo texto com separador *tabulação*, ou seja, cada linha tem uma quantidade específica de informações e, entre essas, há um caractere *tabulação*.

Os arquivos texto que possuem formatos padronizados são facilmente interpretados pelo Excel, e o usuário pode optar por abrir ou importar os dados deles.

Anselmo gostaria de ter os dados em uma planilha, mas não sabe exatamente como fazer. Então resolveu usar a função *Abrir* e buscou o seu arquivo texto na pasta em que tinha salvado, porém a tela apresenta-se como a imagem a seguir:

Observando que o arquivo texto não aparece na tela de abertura de arquivo no Excel, Anselmo gasta quase meia hora procurando o arquivo texto, imaginando que não estava olhando na pasta correta ou que havia algum problema com seu Excel. Resolve então perguntar para Davi, que também fez os cursos e pediu as notas por e-mail. O colega comenta com Anselmo que em uma das aulas o professor explicou que se pode abrir esse arquivo de algumas formas:

- *Utilizando a caixa Abrir*: uma das formas mais utilizadas para abrir arquivos com tipos diferentes ou planilhas em locais pouco acessados é a caixa de diálogo *Abrir*. Para isso, clica-se na opção *Procurar* da página *Abrir*.
- *Importando os dados do arquivo*: usando a guia *Dados* também é possível importar os dados do arquivo texto diretamente para a planilha que se esteja trabalhando (pode ser uma planilha em branco). Adotando esse método, o Excel abrirá um assistente de importação e alguns detalhes podem ser ajustados antes de importar os dados.

- *Arrastando o arquivo para a janela Excel*: outra forma possível é arrastar o arquivo sobre uma janela ativa do Excel, que o fará abrir esse arquivo com as configurações-padrão.

Anselmo decide, então, arrastar o arquivo diretamente de uma pasta de trabalho qualquer para a janela do Excel que está aberta:

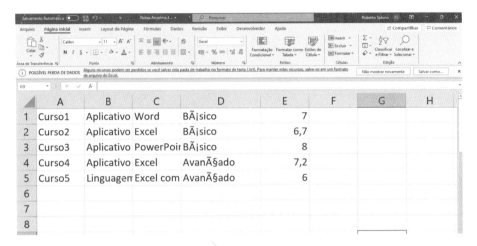

Assim que efetuou a abertura, Anselmo observou o seguinte:

- *Aviso acima da Barra de fórmulas*: logo acima da *Barra de fórmulas*, há uma mensagem avisando que *alguns recursos podem ser perdidos...* Anselmo entendeu que o formato texto tem alguns pontos de incompatibilidade e trabalhar com esse formato pode prejudicar o resultado. Assim, as alterações feitas serão apenas refletidas no arquivo texto e não haverá uma planilha, a menos que se use o recurso *Salvar como...* na guia *Arquivo* para criar uma cópia nova, alterando o tipo de arquivo para .xlsx. Também aparece a opção *Salvar como...* na própria mensagem sobre as possíveis perdas.

- *Algumas informações estão incorretas*: observando os dados que foram carregados na planilha Excel (que representa o arquivo texto), há alguns incorretos. Aparentemente a acentuação e o cedilha estão desconfigurando os dados importados.

Arquivo texto – Importando dados

Com isso, Anselmo decide tentar o segundo método: importar os dados. Ele fecha a planilha sem salvar, já que ela está desconfigurada e abre uma nova. Na ficha *Dados*, acessa: *Obter Dados ->> De Text/CSV*

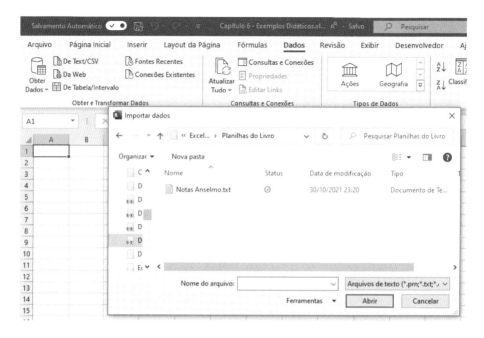

Após executar o segundo método, Anselmo percebe algumas diferenças:

- *Arquivo aparece na pasta correta*: diferentemente do que aconteceu ao tentar abrir o arquivo, agora a pasta apresenta somente o arquivo texto, e não as planilhas.
- *Há uma etapa de ajuste*: após selecionar o arquivo e clicar em *Abrir*, apareceu uma tela de importação que permite ajustar alguns parâmetros, mas os dados aparentemente continuam incorretos.

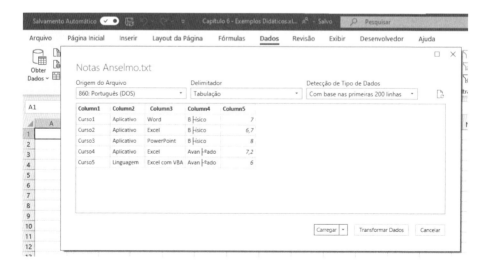

- *Selecionar Origem do Arquivo*: ao selecionar a origem correta (formato) do arquivo texto, que neste caso é *65001: Unicode (UTF-8)*, os dados são corrigidos.
- *Identificação do formato automaticamente*: embora seja possível alterar o *Delimitador;* nesse caso, o Excel pôde selecionar automaticamente de forma correta *Tabulação*.
- *Carregar Dados*: ao clicar em *Carregar*, o Excel cria uma tabela com os dados e já aplica os formatos básicos.
- *Formato.xlsx*: ao finalizar a importação, os dados são colocados no arquivo no formato correto do Excel, e não em um *.txt*.

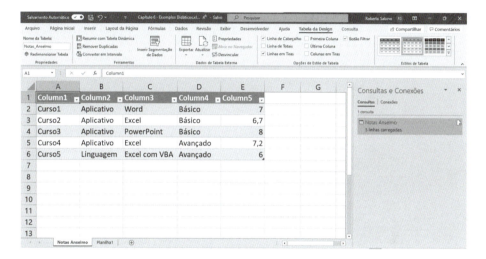

 NOTE: O princípio de importação de dados pode ser usado para vários tipos de origem diferentes. Embora cada um tenha suas particularidades, é possível seguir o mesmo caminho para iniciar a importação.

Consulta – Atualizando dados

É importante lembrar que quando importamos dados de uma fonte externa, inclusive de um arquivo texto, o Excel mantém uma conexão aberta com essa fonte. Contudo as atualizações não são feitas automaticamente a cada alteração na fonte. Algumas vezes, é necessário solicitar a atualização ou autorizá-la, como na abertura da pasta de trabalho. Vamos ver a seguir como Anselmo deveria proceder se fizesse uma atualização no arquivo texto.

Imagine que o Senac avise Anselmo que os dados enviados estão errados e que a nota correta do *Curso5* é *8*, e não *6*. Anselmo tem duas opções:

- *Alterar o arquivo texto*: a primeira alternativa é atualizar os dados no arquivo texto e depois atualizar a consulta no Excel.

- *Cancelar a consulta*: a segunda opção é cancelar a conexão com o arquivo texto e começar a atualizar os dados na própria planilha.

É importante que se saiba qual a melhor escolha para cada situação, mas a seguir veremos detalhes de cada uma das opções.

Atualizar dados na fonte (arquivo texto)

Para atualizar os dados na fonte, Anselmo deve abrir o arquivo texto e alterar a nota de maneira que o arquivo texto esteja com essa aparência:

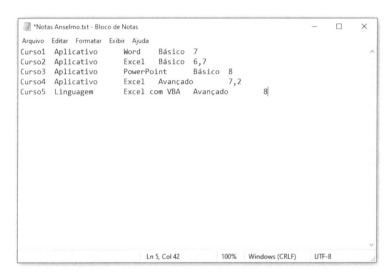

Em seguida, na planilha em que os dados foram importados, observe que há uma guia chamada *Consulta* sempre que se posiciona a célula selecionada em cima da tabela em que estão os dados importados. Na aba *Consulta*, escolha *Atualizar*.

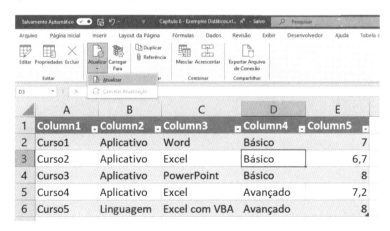

NOTE: A guia atualizar só fica aparente se o cursor estiver sobre a região da tabela de dados importados.

Atualizar dados no destino (planilha)

A segunda opção é melhor quando não é necessário manter a conexão com a origem de dados e se desejar começar a atualizá-los diretamente na planilha, sem manter vínculo com as alterações que possam ocorrer na origem.

Nesse caso, Anselmo deve selecionar a planilha em que estão os dados e, na mesma guia *Consulta*, selecionar *Excluir*. Essa opção excluirá apenas a conexão, e não os dados. Com isso, pode-se passar a atualizá-los diretamente na planilha.

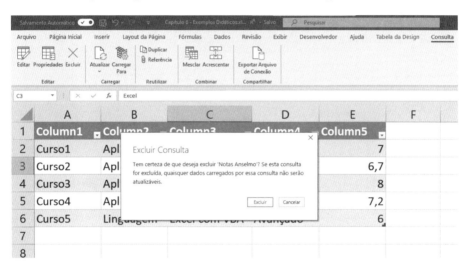

OBSERVE: Após excluir a consulta, a guia *Tabela* continuará aparecendo, porém a guia *Consulta* não existirá mais, já que a conexão foi encerrada. A partir desse momento, todas as atualizações passam a ser feitas diretamente na planilha.

Após atualizar a célula *E6* para *8*, *Salvar* e *Fechar*.

INTERAGINDO COM UM BANCO DE DADOS ACCESS

Uma vez que os princípios de importação são os mesmos, vamos analisar o caso de Gabriel, que está realizando uma atividade solicitada por seu chefe: "Importar dados de um banco do Access". Gabriel tem poucos conhecimentos sobre Access, mas domina a importação de dados disponível no Excel.

Roni, chefe de Gabriel, disse que há um banco de dados com uma lista dos produtos vendidos na loja de tintas onde Gabriel trabalha, com o nome *Access_Cadastro_Produtos*. Gabriel deve importar os dados e enviar por e-mail em planilha para os vendedores da loja.

Seguindo o mesmo procedimento feito por Anselmo para importar as notas, Gabriel fez a importação dos dados, mas teve de usar a opção: *Guia Dados >> Obter Dados >> Do Banco de Dados >> Do Banco de Dados do Microsoft Access*.

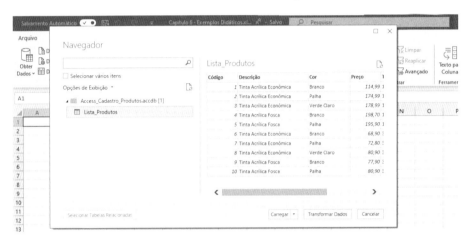

A importação *Do Banco de Dados* é um pouco mais complexa que a de dados de um arquivo texto, porque o banco é um conjunto de objetos – normalmente tabelas –, e é preciso escolher a origem em detalhes. No caso do Gabriel, o banco de dados é bem simples e possui apenas uma tabela. Na imagem anterior, vemos a tela depois da seleção da tabela *Lista_Produtos*.

Clicando em *Carregar*, o Excel criará uma tabela, semelhante ao que aconteceu com o *Arquivo Texto*.

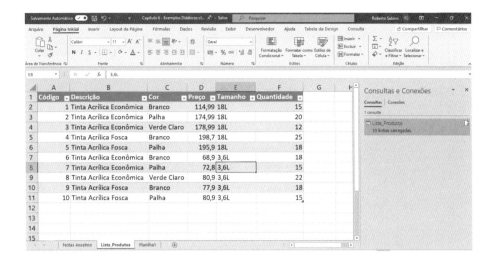

 OBSERVE: Os bancos de dados podem conter dezenas ou até mesmo centenas de tabelas. Existem alterações ou transformações que podem ser feitas nas consultas, e o Excel possui uma ferramenta que trabalha com essa transformação: o *Power Query*.

Conhecendo o editor do *Power Query*

Agora, imagine que Gabriel tenha de fazer algumas alterações na consulta. Isso pode ser feito no próprio Excel, usando a ferramenta chamada *Power Query*: clicando sobre a tabela, na guia *Consulta*, a opção *Editar* abre o editor do *Power Query*.

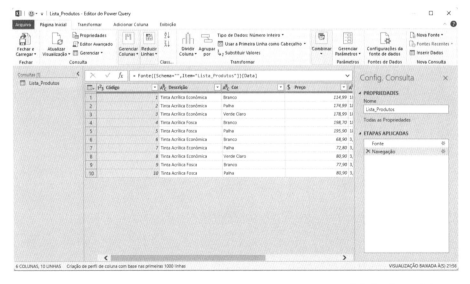

Trabalhando com dados – 97

Gabriel precisa retirar a informação de quantidade em estoque, já que não ficaria atualizada corretamente para os vendedores. Assim, será necessário usar o editor do *Power Query,* acessando a opção *Gerenciar Colunas* para escolher quais colunas estarão visíveis na consulta da planilha.

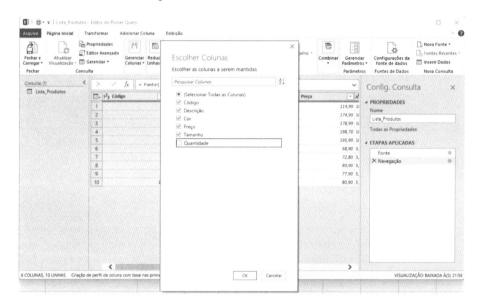

Depois de escolher as colunas que serão mostradas, clicando em *OK* e, em seguida, *Fechar* e *Carregar,* a planilha é atualizada e os dados escolhidos são recarregados, conforme a imagem a seguir.

	A	B	C	D	E
1	Código	Descrição	Cor	Preço	Tamanho
2	1	Tinta Acrílica Econômica	Branco	114,99	18L
3	2	Tinta Acrílica Econômica	Palha	174,99	18L
4	3	Tinta Acrílica Econômica	Verde Claro	178,99	18L
5	4	Tinta Acrílica Fosca	Branco	198,7	18L
6	5	Tinta Acrílica Fosca	Palha	195,9	18L
7	6	Tinta Acrílica Econômica	Branco	68,9	3,6L
8	7	Tinta Acrílica Econômica	Palha	72,8	3,6L
9	8	Tinta Acrílica Econômica	Verde Claro	80,9	3,6L
10	9	Tinta Acrílica Fosca	Branco	77,9	3,6L
11	10	Tinta Acrílica Fosca	Palha	80,9	3,6L

OBSERVE: São várias as transformações possíveis no *Power Query* e aprender tudo sobre essa ferramenta é, por si só, um trabalho completo de aprendizagem.

Consultas e conexões

Ao fazer uma importação de dados no Excel, automaticamente cria-se uma consulta ou uma conexão, que é interessante para vincular os dados apresentados à origem; por outro lado, há o risco de que a planilha fique *pesada* ou apresente erros ao carregar os dados.

Ao abrir uma planilha que contenha consultas ou conexões externas, observe na imagem que será mostrada uma mensagem perguntando se deverão *Habilitar Conteúdo*. Abrindo por padrão com as consultas e conexões desabilitadas, o Excel diminui a possibilidade de lentidão, travamento por erro ou excesso de dados.

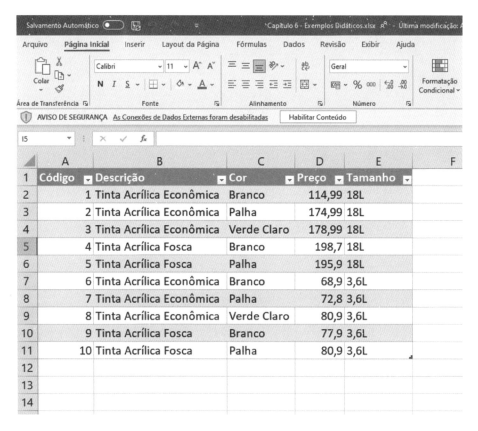

Trabalhando com dados – 99

Verificando consultas e conexões de uma planilha

Também é possível verificar as consultas e conexões individualmente quando houver lentidão ou problemas no carregamento da planilha. Basta usar a guia *Dados* na opção *Consultas e Conexões*.

Esta opção mostrará as conexões atuais e possibilitará ajustes individuais se necessário. Ao clicar, observe o painel lateral que aparecerá ao lado direito da tela, possibilitando os ajustes necessários.

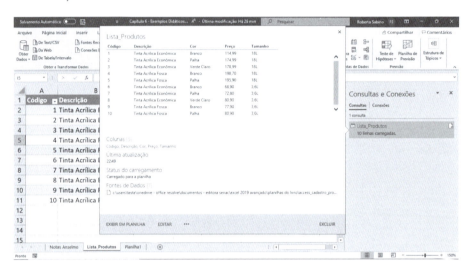

 LEMBRE-SE: Criar consultas ou conexões em excesso poderá causar o travamento total da planilha, tornando-a completamente inutilizada.

Exercícios propostos

(Resolução no final do livro)

Para fazer os exercícios seguintes, utilize a planilha *Capítulo 6 – Exemplos Didáticos. xlsx* (a planilha *Capítulo 6 – Exercícios Resolvidos.xlsx* contém o exercício já resolvido):

Exercício 1

Crie uma cópia da consulta de produtos, contendo apenas as tintas da cor *Palha*.

Exercício 2

Crie uma consulta listando todas as tintas que tenham preço maior que 100.

Anotações

7

Criando *Tabelas Dinâmicas*

OBJETIVOS

» Aprender o que é e para que serve uma *Tabela Dinâmica*.

» Conhecer as principais ferramentas para trabalhar com *Tabela Dinâmica*.

» Alterar e atualizar dados em uma *Tabela Dinâmica*.

» Relacionar dados em *Tabelas Dinâmicas*.

» Criar segmentação de dados e linha do tempo.

Para acompanhar os exemplos didáticos do capítulo, use a planilha: *Capítulo 7 – Exemplos Didáticos.xlsx*.

O Excel é uma ferramenta importantíssima no trabalho de análise de dados. Muitas empresas e profissionais o usam como principal ferramenta nos trabalhos de *Ciências de Dados*. A versatilidade e facilidade são as principais vantagens do Excel em comparação com outras ferramentas. A funcionalidade mais aderente a esse tipo de atividade, sobretudo para análise de grandes quantidades de informações é a *Tabela Dinâmica*.

O que é *Tabela Dinâmica*?

Tabela Dinâmica é uma forma *dinâmica* de mostrar os dados que estão em uma *tabela,* ou seja, é possível recombinar totalmente os formatos e elementos (como linhas, colunas, filtros, funções) sem precisar recriar a tabela. Os próprios recursos da *Tabela Dinâmica* nos ajudarão a proceder essas alterações da forma mais simples possível.

Podemos entender uma *Tabela Dinâmica* como um grande repositório de dados que podem ser rearranjados a qualquer momento com poucos cliques, fazendo os dados serem *vistos* por ângulos diferentes conforme a necessidade.

A grande diferença entre uma *Tabela Dinâmica* e os recursos de *Classificação e Filtro* é que se pode reorganizar todas as dimensões da tabela em vez de apenas ocultar os registros que não atendam a um critério.

Criando relatórios com *Tabela Dinâmica*

Léia e Luciana decidiram montar um negócio vendendo roupas pela internet. Elas compram juntas de um distribuidor no atacado e revendem de forma independente, controlando tudo em duas planilhas (uma para cada) bem simples, que elas mesmas criaram, montadas no seguinte formato:

	A	B	C	D	E
1	**Data**	**Produto**	**Preço**	**Qtd Venda**	**Valor Total**
2	01/mar	Blusa	R$ 29,90	2	R$ 59,80
3	01/mar	Pijama	R$ 89,90	4	R$ 359,60
4	01/mar	Sapato	R$ 129,90	2	R$ 259,80
5	02/mar	Sapato	R$ 129,90	4	R$ 519,60
6	03/mar	Pijama	R$ 89,90	1	R$ 89,90
7	03/mar	Blusa	R$ 29,90	3	R$ 89,70
8	04/mar	Blusa	R$ 29,90	5	R$ 149,50
9	05/mar	Blusa	R$ 29,90	5	R$ 149,50
10	05/mar	Blusa	R$ 29,90	2	R$ 59,80
11	05/mar	Blusa	R$ 29,90	5	R$ 149,50
12	05/mar	Pijama	R$ 89,90	4	R$ 359,60
13	06/mar	Pijama	R$ 89,90	3	R$ 269,70
14	07/mar	Pijama	R$ 89,90	1	R$ 89,90
15	07/mar	Pijama	R$ 89,90	2	R$ 179,80
16	07/mar	Sapato	R$ 129,90	2	R$ 259,80
17	07/mar	Pijama	R$ 89,90	4	R$ 359,60

No começo a planilha ajudou muito e serviu para o controle sobre as vendas que precisavam. Porém, em pouco tempo, a planilha ficou com muitas linhas e acabou servindo apenas para registrar as vendas de cada dia, mas elas já não conseguiam ter informações importantes para o negócio, como:

- Quanto tivemos de faturamento no mês?
- Quantas vendas fizemos no último mês?
- As vendas estão aumentando?
- Como somar as informações das duas sócias em uma mesma tabela?

Para responder a uma dessas perguntas, existem várias formas de *reorganizar* a planilha e criar funções, por exemplo. Mas quando a ideia é responder a todas essas perguntas e mais algumas que possam aparecer, a *Tabela Dinâmica* é uma excelente opção para analisar os dados.

Características de uma Tabela Dinâmica

Algumas informações são bem importantes de saber antes de criar a sua primeira *Tabela Dinâmica*:

- uma *Tabela Dinâmica* é uma representação dos dados, e não uma nova planilha (os dados continuam na *Origem*);
- é possível criar várias versões utilizando a mesma *Origem*;
- pode ser colocada como um objeto em uma planilha que já existe;
- apagar uma *Tabela Dinâmica* não exclui os Dados de Origem.

Criando a primeira Tabela Dinâmica

Léia e Luciana decidiram, então, criar *Tabelas Dinâmicas* para analisarem os dados de vendas. Como conhecem pouco, resolveram usar um recurso chamado *Tabelas Dinâmicas Recomendadas,* que facilita a criação das primeiras tabelas.

O primeiro passo é selecionar a *Fonte de Dados* que será usada para criar a *Tabela Dinâmica* (lembrando que os dados devem estar no formato de banco de dados para evitar erros).

Para selecionar a *Fonte de Dados*: Modo 1: Se sua *Origem* está no formato de banco de dados e não possui nem linhas, nem colunas em branco, posicione a célula ativa em alguma célula do intervalo da *Origem* que pretende usar. Não há necessidade de fazer *seleção*, porém nessa opção o Excel usará todas as células adjacentes que contenham dados. Modo 2: Caso queira escolher exatamente o intervalo da *Origem*, selecione o que deseja usar e deixe de fora da seleção as células que pretende ignorar na análise.

Em nosso exemplo, vamos selecionar o intervalo *A1:E200* da planilha *Vendas Léia*. Em seguida, na guia *Inserir >> Tabelas Dinâmicas Recomendadas*:

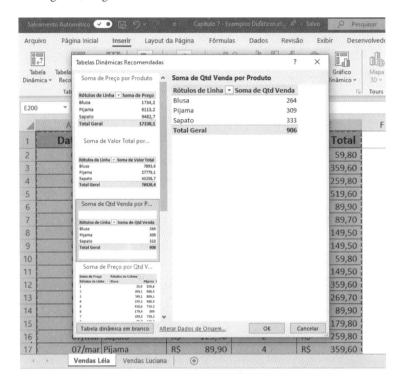

Ao realizar esse procedimento, Léia verifica várias opções interessantes, mas a que parece mais útil é a *Soma de Qtd Venda por Produto*. Clicando uma vez apenas sobre as opções mostradas na caixa *Tabelas Dinâmicas Recomendadas* à esquerda, é possível visualizar detalhes dessa opção.

Para inserir a opção escolhida, clique *OK* ou duas vezes sobre a miniatura da opção.

Entendendo a Tabela Dinâmica *criada*

Muitas vezes a dificuldade dos profissionais em usar *Tabela Dinâmica* é entender seu funcionamento, já que é um pouco diferente dos demais recursos do Excel. Vale mencionar alguns pontos adicionais importantes:

- O *Seletor de Campos* (do lado direito da planilha) aparece sempre que se posiciona a célula ativa em cima da *Tabela Dinâmica*;
- As guias *Tabela Dinâmica* e *Design* igualmente aparecem quando a primeira estiver selecionada;
- Caso faça alterações *erradas* e não consiga mais *voltar* ao formato desejado, sempre haverá a opção de começar uma outra *Tabela Dinâmica* nova sem influenciar na que já existe (ou mesmo excluindo a anterior).

Conhecendo o Seletor de Campos

Boa parte da montagem da *Tabela Dinâmica* está baseada no correto uso do *Seletor de Campos*.

No caso da *Tabela Dinâmica* criada por Léia, como foi utilizada a funcionalidade de *Tabelas Dinâmicas Recomendadas*, o Excel já fez uma configuração inicial. É possível ver que já há: *Linhas = Produto* e *Valores = Soma de Qtd Venda*.

Relacionando Campos da Tabela Dinâmica

Agora que já analisamos o *Seletor de Campos*, vamos verificar quais resultados essa configuração traz para a *Tabela Dinâmica*. Ao selecionar: *Linhas = Produto* e *Valores = Soma de Qtd Venda*, temos a seguinte configuração da tabela:

Observe que *Linhas = Produto* significa que nas linhas da tabela estarão relacionados os produtos: *Blusa*; *Pijama* e *Sapato*. E *Valores = Soma de Qtd Venda* significa que, em frente aos produtos, serão colocadas as somas das quantidades de venda.

Como não há outra linha, filtro ou coluna, as quantidades representadas são *totais*, ou seja, todas as quantidades de todas as datas.

A primeira pergunta que Léia e Luciana se fizeram foi: "Como fazemos para separar as quantidades por meses?".

Criando segmentação por Datas

Já sabemos que o Excel possui alguns *tratamentos especiais* quando o dado (a informação) tem um tipo específico. Por exemplo: o *Filtro de Datas* é deferente do *Filtro de Texto*. Acontece o mesmo no *Seletor de Campos* quando a informação é uma data.

Se observarmos na lista dos campos disponíveis no *Seletor de Campos*, teremos: *Data*; *Produto* (selecionado); *Preço*; *Qtd Venda* (selecionado); e *Valor Total*, que são os próprios campos da nossa *Fonte de Dados*. Porém, ao clicar em *Data*, automaticamente será criada uma opção *Meses*, como na imagem a seguir:

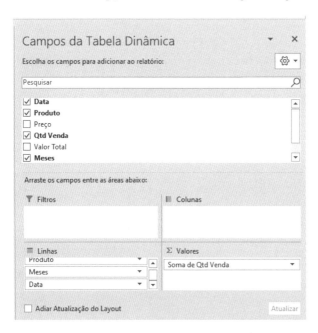

Perceba que, ao criar automaticamente o item *Meses*, o Excel já o posiciona, juntamente a *Data*, em *Linhas*. Com isso, a tabela passa a ter uma subdivisão nas linhas (como grupos) para os meses e, abaixo, as próprias datas, conforme figura a seguir:

	A	B	C	D
1				
2				
3	Rótulos de Linha	Soma de Qtd Venda		
4	⊟Blusa	264		
5	⊞mar	53		
6	⊞abr	68		
7	⊞mai	81		
8	⊞jun	62		
9	⊟Pijama	309		
10	⊞mar	57		
11	⊞abr	87		
12	⊞mai	123		
13	⊞jun	42		
14	⊟Sapato	333		
15	⊞mar	43		
16	⊞abr	71		
17	⊞mai	140		
18	⊞jun	79		
19	Total Geral	906		
20				

Agora as quantidades totais continuam aparecendo, mas abaixo já possuem as subdivisões em meses e em datas. No entanto essa visualização de grupos em *Linhas*, nem sempre é a melhor forma de consultar dados.

Ao ver essa planilha, Léia e Luciana passam a se questionar: "Como melhorar essa visualização?".

Lembrando que o *Seletor de Campos* é a base do trabalho com *Tabela Dinâmica*, a reorganização das configurações nele é a forma mais direta de alterar a visualização da tabela.

Suponhamos que, em vez de ver os meses e em seguida ter o grupo de datas, Léia desejasse ver apenas a somatória em meses. No *Seletor de Campos*, bastaria tirar a seleção do campo *Data*.

Além de selecionar ou tirar a seleção de um campo, também é possível mover um campo da tabela de um *quadrante* para outro. Por exemplo, imaginemos que a Léia e a Luciana queiram ver os meses distribuídos pelas *Colunas,* em vez de ver nas *Linhas*. Basta arrastar o campo *Meses*, do quadrante *Linhas* para *Colunas*. A configuração da *Tabela Dinâmica* e do *Seletor de Campos* ficaria conforme as imagens a seguir:

 NOTE: Há uma grande variedade de combinações possíveis para os campos das tabelas e isso definirá como os dados serão vistos na *Tabela Dinâmica*.

Alterando o Design da Tabela Dinâmica

Além das configurações dos campos, também é possível alterar o *Design* para facilitar a visualização dos dados ou mesmo para deixar a tabela mais *apresentável*.

 LEMBRE-SE: Usuários de Excel que têm nível de conhecimento mais alto costumam personalizar um pouco mais seus trabalhos. No caso das *Tabelas Dinâmicas*, isso pode ser percebido pela aparência delas.

Para alterar a aparência, estando com a célula ativa sobre a *Tabela Dinâmica*, selecione a guia *Design*.

Um dos recursos mais simples e rápidos para criar formatos mais exclusivos é o *Estilo de Tabela Dinâmica*. Selecionar um estilo é muito semelhante a aplicar estilos em uma tabela simples (formatar como tabela).

Enquanto escolhe um estilo para a *Tabela Dinâmica*, o Excel já apresenta as modificações, conforme o usuário passa o mouse sobre o estilo desejado.

Aplicando um estilo e com algumas pequenas alterações de formato de fonte e largura de coluna, já temos uma tabela com aspecto mais *personalizado*:

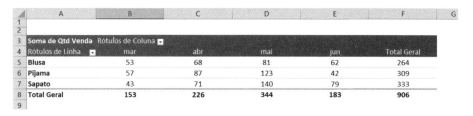

 NOTE: Usar estilos também evita a possibilidade de que as atualizações criem problemas com formatações feitas diretamente no intervalo da *Tabela Dinâmica*.

Atualizando dados e alterando a Fonte de Dados

Agora, Luciana também criou uma planilha igual à de Léia, e as duas já podem ter a informação da quantidade que estão vendendo por mês, com dados atualizados até o final de *junho*. Isso as ajuda a controlar o estoque e a analisar como vão as vendas.

Porém, quando inseriram as primeiras informações de *julho*, elas observaram que a *dinâmica* não foi atualizada corretamente. *O que teriam de fazer para que a* Tabela Dinâmica *se atualizasse?*

Há dois tipos diferentes de atualização possíveis para uma *Tabela Dinâmica*:

- *Atualização de Registros:* quando são inseridos dados dentro do intervalo da *Fonte de Dados,* estes estão disponíveis para atualização.
- *Atualização da Fonte de Dados*: quando as novas linhas ou registros inseridos estão fora do intervalo definido para a *Fonte de Dados* é necessário alterá-la.

Atualizando novos dados de vendas

Léia e Luciana aprenderam que, depois de inserir os dados, para atualizar a *Tabela Dinâmica* era necessário clicar em *Atualizar.* Léia vendeu no dia *01/jul* a seguinte configuração de produtos (linhas *201, 202* e *203*):

	A	B	C	D	E
1	Data	Produto	Preço	Qtd Venda	Valor Total
195	25/jun	Blusa	R$ 29,90	7	R$ 209,30
196	26/jun	Blusa	R$ 29,90	4	R$ 119,60
197	27/jun	Sapato	R$ 129,90	7	R$ 909,30
198	29/jun	Sapato	R$ 129,90	4	R$ 519,60
199	30/jun	Sapato	R$ 129,90	3	R$ 389,70
200	30/jun	Blusa	R$ 29,90	8	R$ 239,20
201	01/jul	Blusa	R$ 29,90	7	R$ 209,30
202	01/jul	Pijama	R$ 89,90	5	R$ 449,50
203	01/jul	Sapato	R$ 129,90	3	R$ 389,70

Depois de fazer a entrada de dados, na planilha da *Dinâmica,* Léia selecionou a guia *Tabela Dinâmica* e, em seguida, *Atualizar.* Mas percebeu que, além de não carregar os dados corretamente, a largura das colunas que haviam sido ajustadas foi alterada:

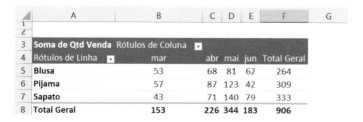

Léia notou que o caso dela era de *Ajuste na Fonte de Dados,* e gostaria de fazer alguma configuração para que a largura das colunas não fosse alterada a cada atualização da *Tabela Dinâmica.*

Criando uma Fonte de Dados autoajustável

O caso da planilha da Léia é muito comum e pode ser um problema importante se o usuário esquecer de atualizar a *Fonte de Dados*, já que a diferença de valores na análise de dados pode induzir a ações erradas. Por esse motivo, é muito útil saber fazer uma *Fonte de Dados autoajustável*.

Para criar esse tipo de fonte de dados, vamos usar dois recursos:

- *Criar Nomes*: esse é um recurso que permite definir um nome específico e personalizado para algum intervalo.
- *Funções DESLOC e CONT.VALORES*: a função *DESLOC* (de pesquisa e referência), *devolve* um intervalo baseado em informações de referência e tamanho, enquanto a função *CONT.VALORES* (que vimos no capítulo 4, "Funções de estatística") devolve uma contagem de valores.

O *Gerenciador de Nomes* permite criar nomes personalizados e é possível acessá-lo em: *Guia Fórmulas >> Gerenciador de Nomes*. No gerenciador, solicitamos um *Novo Nome*.

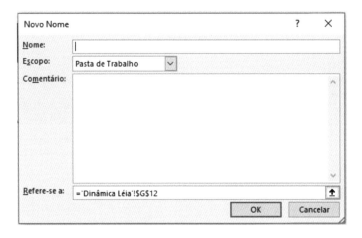

Nome: Dados_Vendas_Léia

Escopo: Pasta de Trabalho

Comentários: Fonte de dados para a *Tabela Dinâmica*

Refere-se a: função a seguir:

=DESLOC('Vendas Léia'!$A$1;0;0;CONT.VALORES('Vendas Léia'!$A:$A);5)

Agora que temos uma *Fonte de Dados autoajustável*, podemos alterar a fonte de dados da planilha *Dinâmica Léia*. Nesta planilha, na guia *Tabela Dinâmica*, na opção *Alterar Fonte de Dados*, podemos modificar da fonte atual para a criada.

Fonte Anterior: *Fonte Nova:*

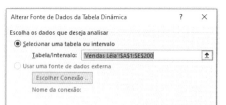 

Logo após colocar a nova *Fonte de Dados*, já é possível perceber que os dados estão atualizados, conforme a imagem a seguir:

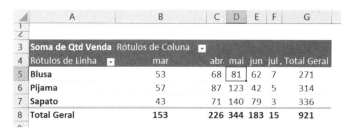

Ajustando detalhes da Tabela Dinâmica

Agora, Léia quer que, ao atualizar a *Tabela Dinâmica* (apenas os registros, já que a fonte é autoajustável), as colunas não sejam redimensionadas. Para isso, ela deve ajustar as configurações. Na aba *Tabela Dinâmica,* há um botão com o mesmo nome (*Tabela Dinâmica*). Ao clicar, abre-se o nome da tabela e um botão de *Opções*.

Na caixa de diálogo de *Opções,* deve-se desmarcar a opção *Ajustar automaticamente a largura das colunas ao atualizar.*

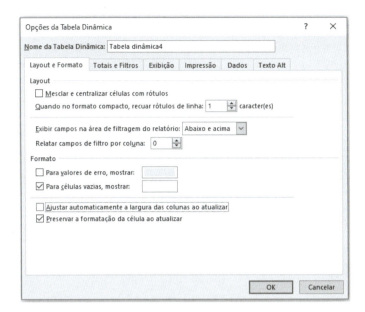

A partir desta configuração, mesmo clicando em *Atualizar* ou *Atualizar Tudo* na guia *Tabela Dinâmica*, as colunas não serão redimensionadas, mantendo o aspecto visual desejado por Léia e Luciana.

Observe que o item a seguir na caixa de diálogo se refere a: *Preservar a formatação da célula ao atualizar*. Essa configuração deve ser mantida selecionada para que as formatações feitas diretamente na planilha não sejam perdidas ao atualizar os dados.

A planilha que contém a *Tabela Dinâmica* atualizada agora tem a seguinte aparência (observe que os dados de *julho* já estão alterados):

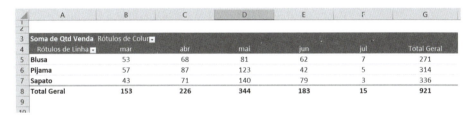

 NOTE: A caixa de diálogo *Opções da Tabela Dinâmica* oferece uma variedade de configurações para alterar o comportamento da *Tabela Dinâmica*.

Tabelas Dinâmicas relacionadas

Luciana seguiu exatamente os mesmos passos de Léia para criar uma *Tabela Dinâmica* com *Fonte de Dados autoajustável,* colocando essa tabela dinâmica em uma planilha chamada *Dinâmica Luciana.*

A fonte de dados utilizada teve o nome de *Dados_Vendas_Luciana* e a função que cria o intervalo ficou assim:

=DESLOC('Vendas Luciana'!$A$1;0;0;CONT.VALORES('Vendas Luciana'!$A:$A);5)

	A	B	C	D	E	F
3	Soma de Qtd Venda	Rótulos de Colu				
4	Rótulos de Linha	mar	abr	mai	jun	Total Geral
5	Blusa	65	58	69	42	234
6	Pijama	74	78	88	41	281
7	Sapato	59	63	98	69	289
8	Total Geral	198	199	255	152	804

Depois de ver as duas planilhas feitas, Léia e Luciana começaram a achar que seria bem melhor juntar os dados em uma mesma planilha. Pensaram, então na hipótese de colocar as duas *Tabelas Dinâmicas* em um mesmo documento, movendo a tabela de vendas da Luciana para a mesma planilha em que está a *Tabela Dinâmica* da Léia.

Para fazer isso, elas usaram o recurso *Ações >> Mover Tabela Dinâmica,* que está na guia *Tabela Dinâmica.* Depois de mover, renomearam a planilha para *Dinâmicas Léia e Luciana.*

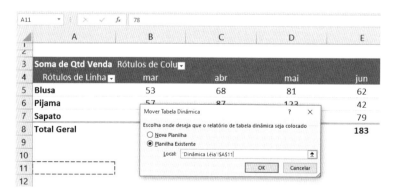

Obtiveram um resultado interessante, mas os dados continuavam separados e, por mais que as tabelas estivessem na mesma planilha, seria bem melhor vê-los consolidados e separá-los apenas quando quisessem fazer análises individuais.

	A	B	C	D	E	F	G
3	Soma de Qtd Venda	Rótulos de Colu					
4	Rótulos de Linha	mar	abr	mai	jun	jul	Total Geral
5	Blusa	53	68	81	62	7	271
6	Pijama	57	87	123	42	5	314
7	Sapato	43	71	140	79	3	336
8	Total Geral	153	226	344	183	15	921
9							
10							
11	Soma de Qtd Venda	Rótulos de Colu					
12	Rótulos de Linha	mar	abr	mai	jun	Total Geral	
13	Blusa	65	58	69	42	234	
14	Pijama	74	78	88	41	281	
15	Sapato	59	63	98	69	289	
16	Total Geral	198	199	255	152	804	
17							

Dinâmicas Léia e Luciana | Vendas Léia | Vendas Luciana

A pergunta que começaram a se fazer é: "Será que é possível juntar os dados em uma mesma *Tabela Dinâmica*?".

Modelo de Dados versus *consultas no* Power Query

Existem algumas alternativas para criar consultas combinadas ou relacionamento entre tabelas. As mais frequentemente utilizadas são:

Modelo de Dados: criar *Tabelas Dinâmicas* usando o modelo de dados e relacionando tabelas é uma boa saída quando se precisa criar uma composição de informações complementares.

Combinar Consultas: uma alternativa interessante é utilizar o *Power Query* para combinar informações de consultas.

As amigas têm dúvidas de qual a melhor opção nesse caso e decidem se dividir. Enquanto Léia tentará utilizar o *Modelo de Dados,* Luciana tentará usar *Consultas Combinadas* no *Power Query.*

Modelo de Dados – *Carregando dados no* repositório

Léia descobriu que é possível sim fazer relacionamento de dados em uma única *Tabela Dinâmica* usando o recurso de *Modelo de Dados.*

O *Modelo de Dados* é um *repositório* de informações que pode ser usado para combinar informações de fontes diferentes e extrair relatórios combinados.

Há dois passos necessários para combinar os dados no *Modelo de Dados*: o primeiro é selecionar a opção "Adicionar estes dados ao Modelo de Dados" no momento de criar

Criando *Tabelas Dinâmicas* – 117

a dinâmica (ou seja, elas deverão criar *Tabelas Dinâmicas* novas, para usar o *Modelo de Dados*); o segundo é associar as tabelas que foram adicionadas ao *Modelo de Dados*.

Léia decide, então, criar uma *Tabela Dinâmica* nova e associá-la ao *Modelo de Dados*.

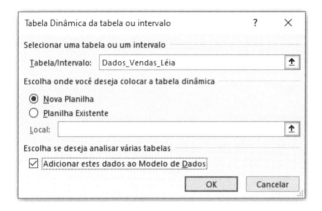

Depois de criar a *Tabela Dinâmica* nova, Leia percebe que, além dos campos, o *Seletor de Campos* possui agora um agrupamento (com o desenho de uma tabela) para a fonte *Dados_Vendas_Léia*.

Aparentemente tudo vai bem e Léia agora deve criar uma *Tabela Dinâmica* nova com os dados de vendas da Luciana e adicioná-los ao modelo de dados. Essa *Tabela Dinâmica* nova pode ser criada em uma planilha qualquer, já que apenas servirá para adicionar os dados ao modelo. O *Modelo de Dados* passará a mostrar os dados de ambas as fontes de dados.

Após criar a dinâmica em uma nova planilha, Léia observou que aparentemente cada tabela possui apenas os dados da sua própria fonte de dados, embora as duas fontes estejam adicionadas ao modelo de dados.

Depois de observar melhor, notou que há duas abas no seletor de campos: *Ativo* e *Tudo*. Selecionando a aba *Tudo* é possível enxergar os dados de ambas as fontes.

A pergunta que as amigas se fazem agora é: "Como poderemos mostrar os dados combinados?".

Para combinar dados de mais de uma fonte na mesma *Tabela Dinâmica* é preciso criar um relacionamento entre as fontes. Para alguns tipos de fonte, o Excel conseguirá estabelecer automaticamente esse vínculo; outras vezes será necessário indicar explicitamente qual é a relação entre as fontes de dados.

Léia decide escolher os campos para montar a mesma *Tabela Dinâmica* que montaram para cada uma das fontes e verificar se o Excel pode estabelecer a relação entre as duas origens de dados.

Ao selecionar *Data*, *Meses* e *Qtd Venda* para a fonte *Dados_Vendas_Léia*, o Excel montou a mesma estrutura que tinham nas tabelas individuais. Porém, assim que selecionou o campo *Qtd Venda* na segunda fonte, *Dados_Vendas_Luciana*, foi apresentada uma mensagem no *Seletor de Campos* para estabelecer o relacionamento:

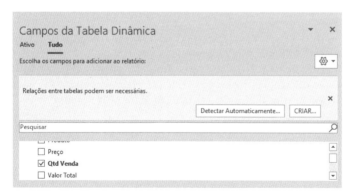

Ao selecionar *Detectar Automaticamente,* uma nova mensagem foi emitida, mas o Excel não pôde identificar a relação entre as tabelas.

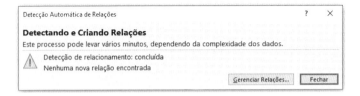

Assim, restou a opção de *Gerenciar Relações,* que abre uma nova janela:

E, para criar essa relação entre as duas fontes, Léia deve clicar em *Novo...*

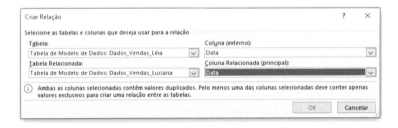

Ao tentar criar relação pela *Data* ou pelo *Produto*, Léia percebe que não é possível porque: "Pelo menos uma das colunas selecionadas deve conter apenas valores exclusivos...". Isso quer dizer que o Excel não consegue criar uma relação entre essas duas fontes porque não é possível unir os dados nem pela *Data,* nem pelo *Produto.*

Ficou claro que esse não é o melhor caminho para essa situação na qual as duas planilhas têm a mesma estrutura, porém dados diferentes.

NOTE: Criar relacionamento por meio do *Modelo de Dados* será uma boa opção se houver complementariedade nos dados de cada uma das tabelas – por exemplo, uma tabela com os registros de vendas de produtos e outra com as características detalhadas deles. Para planilhas iguais, como é o nosso caso, talvez a Luciana tenha melhor sorte, conforme será descrito a seguir.

Power Query – *Combinado consultas*

No capítulo 6, "Trabalhando com dados", já tivemos uma pequena demonstração sobre o editor do *Power Query*. Vamos entender um pouco o conceito de consulta e como podemos trabalhar com a necessidade apresentada, acompanhando os passos feitos pela Luciana na ferramenta.

Primeiro, Luciana entendeu que o *Power Query* trabalha com *Consultas* e, ao criar uma *Tabela Dinâmica*, estamos gerando uma conexão e em seguida um relatório; o primeiro passo é, portanto, criar uma *Consulta*.

Luciana selecionou sua planilha de dados de vendas e entrou na guia *Dados*; em seguida, *Obter Dados >> De outras fontes >> Da tabela/intervalo*.

	A	B	C	D	E
1	**Data**	**Produto**	**Preço**	**Qtd Venda**	**Valor Total**
186	19/jun	Blusa	R$ 29,90	6	R$ 179,40
187	20/jun	Sapato	R$ 129,90	4	R$
188	21/jun	Pijama	R$ 89,90	6	R$
189	21/jun	Blusa	R$ 29,90	3	R$
190	22/jun	Blusa	R$ 29,90	4	R$
191	22/jun	Blusa	R$ 29,90	3	R$
192	22/jun	Pijama	R$ 89,90	5	R$ 449,50
193	23/jun	Sapato	R$ 129,90	3	R$ 389,70
194	23/jun	Blusa	R$ 29,90	3	R$ 89,70
195	25/jun	Blusa	R$ 29,90	5	R$ 149,50
196	26/jun	Blusa	R$ 29,90	2	R$ 59,80
197	27/jun	Sapato	R$ 129,90	3	R$ 389,70
198	29/jun	Sapato	R$ 129,90	2	R$ 259,80
199	30/jun	Sapato	R$ 129,90	5	R$ 649,50
200	30/jun	Blusa	R$ 29,90	6	R$ 179,40
201					

Dinâmicas Léia e Luciana | Vendas Léia | **Vendas Luciana**

Esse passo é equivalente a *Inserir >> Tabela* ou *Página Inicial >> Formatar como Tabela*, porém fazendo dessa forma abrirá o *Editor do Power Query* e permitirá alterar mais configurações.

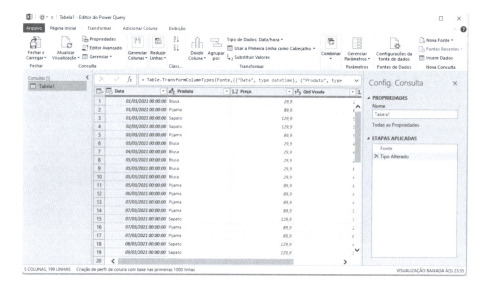

Ao lado direito em *Propriedades / Nome,* Luciana deve alterar de *Tabela1* para *Consulta_Vendas_Luciana,* para facilitar a localização depois nos próximos passos, e, em seguida, clicar em *Fechar e Carregar.*

 OBSERVE: Embora os dados de venda sejam colocados como uma tabela, também foi criada uma planilha com os dados da *Consulta*.

Na sequência, Luciana repetiu os passos para criar uma consulta igual à sua, porém para os dados de vendas da planilha da sua amiga Léia, com o nome *Consulta_Vendas_Léia.*

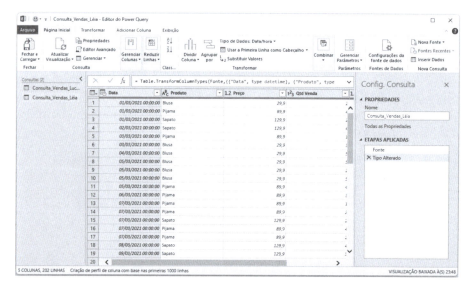

Agora há duas planilhas novas com os nomes de consultas, como na imagem a seguir:

	A	B	C	D	E	F
1	Data	Produto	Preço	Qtd Venda	Valor Total	
2	01/03/2021 00:00	Blusa	29,9	2	59,8	
3	01/03/2021 00:00	Pijama	89,9	4	359,6	
4	01/03/2021 00:00	Sapato	129,9	2	259,8	
5	02/03/2021 00:00	Sapato	129,9	4	519,6	
6	03/03/2021 00:00	Pijama	89,9	1	89,9	
7	03/03/2021 00:00	Blusa	29,9	3	89,7	
8	04/03/2021 00:00	Blusa	29,9	5	149,5	
9	05/03/2021 00:00	Blusa	29,9	5	149,5	
10	05/03/2021 00:00	Blusa	29,9	2	59,8	
11	05/03/2021 00:00	Blusa	29,9	5	149,5	
12	05/03/2021 00:00	Pijama	89,9	4	359,6	
13	06/03/2021 00:00	Pijama	89,9	3	269,7	
14	07/03/2021 00:00	Pijama	89,9	1	89,9	

Agora que Luciana tem as duas consultas disponíveis, consegue combiná-las em uma única consulta, que depois será a *Fonte de Dados da Tabela Dinâmica*. No editor do *Power Query*, na mesma opção de *Obter Dados*, Luciana usará a opção *Combinar Consultas >> Acrescentar*.

Essa opção fará a união das duas consultas em uma apenas; basta escolhê-las na tela seguinte:

Ao clicar em *Ok*, será gerada uma nova consulta com a mescla das duas anteriores. A nova consulta deve receber o nome de *Dados_Combinados_Vendas*.

Para facilitar a visualização, Luciana ocultou as planilhas *Consulta_Vendas_Luciana* e *Consulta_Vendas_Léia*, deixando visível apenas a consulta combinada.

O último passo é criar uma *Tabela Dinâmica* nova a partir da consulta combinada. Repetindo o procedimento de criação de dinâmica, Luciana conseguiu finalizar a tarefa e avisou sua amiga que é possível ter os dados combinados agora, na planilha chamada *Dinâmica Combinada Final*, que ficou como a imagem:

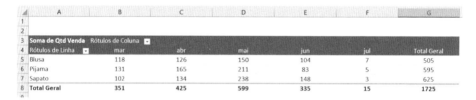

CUIDADO: Embora o *Power Query* seja uma ótima ferramenta, computadores com poucos recursos ou com versões desatualizadas podem sofrer com problemas ao tentar usar a ferramenta. Caso esteja desenvolvendo uma planilha que será usada em outros computadores, avalie antes a compatibilidade de versões.

Exercício proposto

(Resolução no final do livro)

Exercício 1

Baseado no exercício que fizemos no capítulo 6, "Trabalhando com dados" (consulta de produtos), crie uma *Tabela Dinâmica* igual à imagem a seguir:

	A	B	C	D
1				
2				
3	Soma de Preço	Rótulos de Coluna		
4	Rótulos de Linha	18L	3,6L	Total Geral
5	⊟Tinta Acrílica Econômica			
6	Palha	R$ 174,99	R$ 72,80	R$ 247,79
7				
8	⊟Tinta Acrílica Fosca			
9	Palha	R$ 195,90	R$ 80,90	R$ 276,80
10				
11	Total Geral	R$ 370,89	R$ 153,70	R$ 524,59

Anotações

8

Gráficos Dinâmicos e *Dashboards*

OBJETIVOS

- » Entender o que é um *Gráfico Dinâmico*.
- » Exercitar a criação de *Gráficos Dinâmicos*.
- » Conhecer o conceito de *Dashboard*.
- » Aprender como usar recursos que facilitem a montagem de *Dashboards*, como linha do tempo e segmentação de dados.
- » Verificar detalhes de uso e atualização de *Dashboards*.

Para acompanhar os exemplos didáticos do capítulo, use a planilha: *Capítulo 8 – Exemplos Didáticos.xlsx*.

Estudar o capítulo de *Gráfico Dinâmico* é quase como continuar estudando o capítulo de *Tabelas Dinâmicas*, tão grande é a relação entre essas duas funcionalidades. Neste capítulo, utilizaremos novos exemplos para entender o uso de dados de forma dinâmica, além de introduzir o conceito de *Dashboard*.

O QUE É UM GRÁFICO DINÂMICO

A forma mais simples de entender é reconhecer que o *Gráfico Dinâmico* é aquele que é criado a partir de uma *Tabela Dinâmica*.

Não é possível criar um *Gráfico Dinâmico* sem ter *explicitamente* criado uma *Tabela Dinâmica*? A resposta a essa pergunta é: Sim! É possível solicitar a criação de um *Gráfico Dinâmico* diretamente de um *intervalo regular* de células, porém o Excel sempre gerará antes (às vezes de forma implícita) uma *Tabela Dinâmica*.

O exemplo mais interessante do uso de *Gráficos Dinâmicos* é a criação de *Dashboards*. Para entender os exemplos que faremos a seguir, vamos saber mais sobre o *Dashboard*.

O QUE É UM DASHBOARD?

O nome *Dashboard* vem do *inglês* e é amplamente utilizado na linguagem corporativa, embora o mais correto, talvez, fosse chamá-lo de *Painel de Controle*. Há tanta propaganda e tantos cursos utilizando o termo em inglês, que é quase impossível não o utilizar, sob pena de diminuir o entendimento do aluno sobre o que se está explicando, de modo que seguiremos definindo-o como *Dashboard*.

O negócio de vendas de roupas de Léia e Luciana começou a ficar tão grande que já não era mais possível controlar todo o movimento somente com as planilhas que elas mesmas criaram. Pensando em melhorar a parte tecnológica do negócio, elas pediram que Leonardo criasse algumas ferramentas de *apoio à gestão*.

Leonardo, que entende fortemente a necessidade de ter dados de qualidade e de fácil acesso para que os negócios possam ser bem geridos, sugeriu desenvolver um *Dashboard*, que ficou como a imagem a seguir:

Um *Dashboard* deve basear-se nos seguintes princípios:

- Mostrar as informações (indicadores) de acordo com sua relevância e destacar mais os de maior importância.

- Resumir a informação mais relevante a uma única tela, para que o usuário não tenha de ficar *procurando* a informação.

- Evitar colocar *floreio* ou enfeites desnecessários que possam tirar atenção, ou dificultar o entendimento das informações. Lembre-se de que a intenção é que a informação esteja fácil, disponível e *atualizada*.

MONTANDO UM DASHBOARD

A montagem de um *Dashboard* em Excel pode ser feita de diversas maneiras. Muito profissionais, e até *professores* do assunto, tendem a conhecer muito apenas uma das formas de fazê-lo, o que pode deixar a impressão que é necessário seguir por um caminho específico. O *Dashboard* deve ser feito de acordo com a necessidade e com o usuário.

Leonardo sabe que Léia e Luciana não têm tempo disponível para gastar com a parte de ajuste da informação; agora que o negócio delas está crescendo, elas precisam de tempo livre para vender e atender aos clientes.

É por isso que Leonardo decidiu fazer um *Dashboard* simples e direto. Não vai usar um monte de recursos externos para evitar possíveis erros. Além disso, priorizou com as sócias quais as informações mais relevantes:

1. *Quantidade Vendida* no **mês atual** por produto;

2. *Quantidade Vendida* em um período determinado (filtro) por produto;

3. *Faturamento Total* em um período determinado (filtro) por produto e por vendedora.

Com essas informações em mente, Leonardo estruturou o *Dashboard* e percebeu que precisaria fazer uma alteração nas planilhas atuais (que fizemos no capítulo 7, "Criando *Tabelas Dinâmicas*"), incluindo a informação de quem é a vendedora, na planilha de origem.

	A	B	C	D	E	F
1	Data	Produto	Preço	Qtd Venda	Valor Total	Vendedora
2	31/jul	Blusa	R$ 29,90	2	R$ 59,80	Léia
3	31/jul	Pijama	R$ 89,90	4	R$ 359,60	Léia
4	31/jul	Sapato	R$ 129,90	2	R$ 259,80	Léia
5	01/ago	Sapato	R$ 129,90	4	R$ 519,60	Léia
6	02/ago	Pijama	R$ 89,90	1	R$ 89,90	Léia
7	02/ago	Blusa	R$ 29,90	3	R$ 89,70	Léia
8	03/ago	Blusa	R$ 29,90	5	R$ 149,50	Léia
9	04/ago	Blusa	R$ 29,90	5	R$ 149,50	Léia
10	04/ago	Blusa	R$ 29,90	2	R$ 59,80	Léia
11	04/ago	Blusa	R$ 29,90	5	R$ 149,50	Léia
12	04/ago	Pijama	R$ 89,90	4	R$ 359,60	Léia
13	05/ago	Pijama	R$ 89,90	3	R$ 269,70	Léia
14	06/ago	Pijama	R$ 89,90	1	R$ 89,90	Léia
15	06/ago	Pijama	R$ 89,90	2	R$ 179,80	Léia

Observe que a última coluna de cada planilha conterá o nome da vendedora, lembrando que ao *Acrescentar*, a consulta resultante dessa combinação precisará conter essa informação. Sem esse dado não seria possível cumprir com o item 3 (que pede a separação por vendedora).

 NOTE: O planejamento de informações é parte importante da criação de um *Dashboard* efetivo.

Após incluir as colunas, Leonardo excluiu as planilhas e as consultas que as amigas haviam criado com os nomes *Consulta_Vendas_Léia* e *Consulta_Vendas_Luciana*. Depois, no editor do *Power Query*, repetiu os passos feitos no capítulo 7, "Criando Tabelas Dinâmicas", para recriar as consultas. Em seguida, recriou a consulta combinada, usando a função *Acrescentar*.

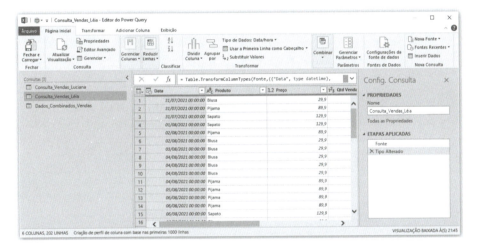

Dessa vez, Leonardo criou uma planilha apenas para a consulta combinada, deixando as demais apenas como disponíveis do *Power Query*. Para criar a tabela da consulta combinada *Dados_Combinados_Vendas*, Leonardo usou a opção: guia *Dados >> Consultas e Conexões* em uma nova planilha:

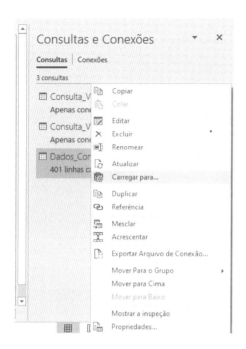

Depois de clicar na opção *Consultas e Conexões,* ao lado direito da tela aparecerá uma lista com as consultas e conexões disponíveis na pasta de trabalho. Com essa lista (que é a mesma que criamos do editor do *Power Query*), é possível criar tabelas com os dados das consultas, clicando com o botão direito e escolhendo *Carregar para...* e, em seguida, *Tabela.*

A consulta combinada agora tem a seguinte aparência (note o nome da vendedora na última coluna):

	A	B	C	D	E	F
1	Data	Produto	Preço	Qtd Venda	Valor Total	Vendedora
2	30/11/2021 00:00	Blusa	29,9	7	209,3	Léia
3	30/11/2021 00:00	Pijama	89,9	5	449,5	Léia
4	30/11/2021 00:00	Sapato	129,9	3	389,7	Léia
5	29/11/2021 00:00	Sapato	129,9	3	389,7	Léia
6	29/11/2021 00:00	Blusa	29,9	8	239,2	Léia
7	29/11/2021 00:00	Sapato	129,9	5	649,5	Luciana
8	29/11/2021 00:00	Blusa	29,9	6	179,4	Luciana
9	28/11/2021 00:00	Sapato	129,9	4	519,6	Léia
10	28/11/2021 00:00	Sapato	129,9	2	259,8	Luciana
11	26/11/2021 00:00	Sapato	129,9	7	909,3	Léia
12	26/11/2021 00:00	Sapato	129,9	3	389,7	Luciana
13	25/11/2021 00:00	Blusa	29,9	4	119,6	Léia
14	25/11/2021 00:00	Blusa	29,9	2	59,8	Luciana
15	24/11/2021 00:00	Blusa	29,9	7	209,3	Léia
16	24/11/2021 00:00	Blusa	29,9	5	149,5	Luciana

A consulta combinada novamente será a base para criar as *Tabelas Dinâmicas*. Leonardo já sabe quais informações precisará para montar o *Dashboard*, então, criará uma *Tabela Dinâmica* para cada *seção*.

Filtrando quantidades vendidas no mês atual

Essa é a primeira seção à esquerda no *Dashboard*, e Leonardo sabe que há muitas formas de extrair essa informação, como a *BDSOMA*, que vimos no *capítulo 5*, "Funções de banco de dados". Mas uma boa diretriz para manter o *Dashboard* simples é a de trabalhar da forma mais uniforme possível. Ele, então, decide fazer essa seção também a partir de uma *Tabela Dinâmica*. Leonardo sabe que para fazer os gráficos dinâmicos terá de criar *Tabelas Dinâmicas*, com isso mantém uma *simplicidade* de uso, mantendo-a como base em todas as seções.

Como Leonardo está acostumado a usar o recurso de *Tabela Dinâmica*, ele utilizará a opção *Inserir >> Tabela Dinâmica* (sem usar a opção de *Tabelas Dinâmicas Recomendadas*), a partir da consulta combinada *Dados_Combinados_Vendas*.

Depois da configuração, a *Tabela Dinâmica* fica assim:

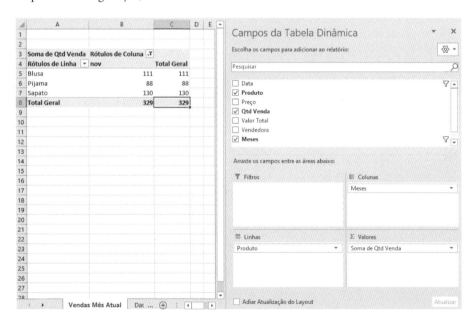

Para que a *Tabela Dinâmica* mostre somente os dados do mês atual, Leonardo usou o filtro de datas que pode ser acessado pelo campo *Rótulos de Coluna* (que é exatamente onde estão os meses). Em seguida escolheu *Filtro de Data >> Este Mês*. Com essa configuração a *Tabela Dinâmica* estará sempre mostrando o mês corrente e pode-se usar a função INFODADOSTABELADINÂMICA para inserir a informação no *Dashboard*.

Antes de ver no detalhe como buscar informações com INFODADOSTABELADINÂMICA, vamos analisar como Leonardo estruturou a planilha que será usada como *Dashboard*.

Criando estruturas simples para Dashboards

Existem várias formas de criar *Dashboards* em Excel, mas apresentaremos aqui uma das mais simples que é usar a própria estrutura da planilha, sem muitos recursos extras. Lembre-se: *quanto mais simples, melhor*.

O primeiro passo é facilitar a construção (e manutenção) das seções do *Dashboard*. Como nunca sabemos exatamente o que aparecerá como nova necessidade, uma saída interessante é redimensionar todas as colunas e linhas com o mesmo tamanho e bem pequenas; assim, fica mais fácil reacomodar informações sem precisar mexer nas outras seções do painel.

Leonardo criou essa base e depois foi *mesclando* as células, de acordo com o desenho de *Dashboard* que havia idealizado, com três seções:

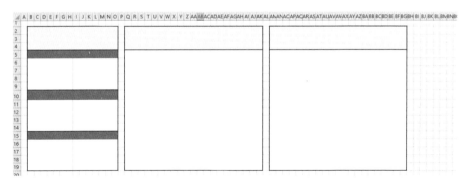

NOTE: Não há recurso de formulário ou tela algum, apenas células mescladas, bordas grossas e fundo de células preenchidos com cor (nos títulos das seções). Esse tipo de organização facilita principalmente as futuras alterações porque não exige que as seções tenham os mesmos tamanhos. Pode-se retirar a mescla de células e voltar a misturá-las com tamanhos novos.

Em seguida, Leonardo nomeou as seções e colou três imagens do banco do Excel para ilustrar os produtos:

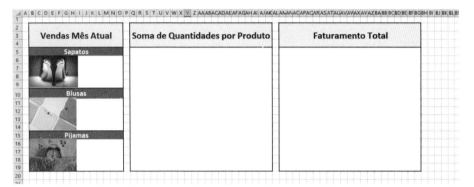

 LEMBRE-SE: É muito importante não criar muitos *floreios* e *enfeites* que possam dificultar a interpretação dos dados. Aqui foram usadas poucas imagens apenas para ilustrar os produtos. É claro que, dependendo do ramo de atividade da empresa ou do profissional, em cada caso, podem ser necessárias mais ou menos imagens e *adornos*.

Agora as células das seções de *Vendas Mês Atual* já podem receber a informação da *Tabela Dinâmica* criada para buscar tal dado. A forma mais simples de incluir uma função *INFODADOSTABELADINÂMICA* é digitando = (igual) na célula em que colocar a informação e depois selecionar o campo da *Tabela Dinâmica* que se quer carregar.

Neste caso, digitamos = (igual) na célula *I6* da planilha *Dashboard* e depois selecionamos a célula *C7* da planilha *Vendas Mês Atual* em que Leonardo colocou a *Tabela Dinâmica* respectiva.

Gráficos Dinâmicos e Dashboards – 135

O Excel automaticamente criará uma função assim na célula *I6*:

=INFODADOSTABELADINÂMICA("Qtd Venda";'Vendas Mês Atual'!$A$3;"Produto";"Sapato")

Cuidado para não selecionar a célula *B7* na *Tabela Dinâmica*, porque isso resultaria na função:

=INFODADOSTABELADINÂMICA("Qtd Venda";'Vendas Mês Atual'!$A$3;"Produto"; "Sapato"; "Meses";11)

Essa função forçaria um mês específico e não respeitaria o filtro de *Mês Atual*.

Repetindo a operação para os demais produtos, cada um em sua célula respectiva, teríamos:

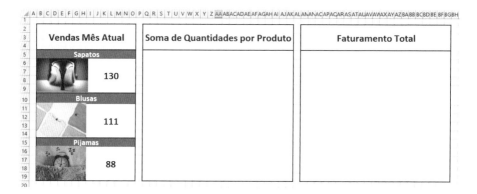

Criando Gráficos Dinâmicos *no* Dashboard

As duas próximas seções do *Dashboard* devem ser compostas por *Gráficos Dinâmicos*. Uma das opções mais intuitivas é criar uma *Tabela Dinâmica* que represente exatamente os dados desejados para o gráfico e, em seguida, criá-lo baseado na tabela recém-criada.

Para a seção *Soma de Quantidades por Produto,* criaremos uma *Tabela Dinâmica* bem semelhante à desenvolvida no capítulo 7, "Criando *Tabelas Dinâmicas*", porém sem as divisões por meses:

 NOTE: Não há necessidade de separar as quantidades por meses, uma vez que esse filtro será criado mais a frente com o recurso de *Linha do Tempo*.

Depois de criar a *Tabela Dinâmica* fica muito fácil criar o gráfico, porque ao clicar em *Inserir >> Gráfico Dinâmico* (estando com a célula ativa sobre a tabela desejada), o Excel o criará exatamente com as mesmas configurações da respectiva tabela:

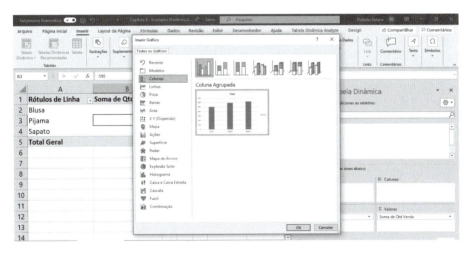

Na sequência basta clicar em *Ok*. O gráfico será criado na mesma planilha da *Tabela Dinâmica*, por padrão. Em seguida, escolhemos na guia *Gráfico Dinâmico* a opção *Mover Gráfico* e o colocamos na planilha em que está o *Dashboard*.

A última etapa da seção é ajustar o gráfico para que fique exatamente no espaço destinado a ele. Isso inclui, redimensioná-lo e retirar os *elementos de gráfico* que não forem necessários.

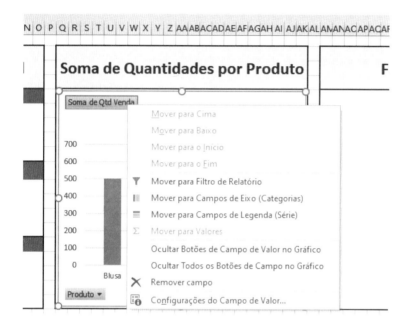

Após posicionar o gráfico no lugar correto, clicando com o botão direito sobre um dos *botões de campo* do gráfico, é possível *Ocultar Todos os Botões de Campo no Gráfico*; isso nos ajuda a ganhar espaço para a informação e deixar nosso *Dashboard* mais limpo e profissional (pode haver situações em que seja interessante manter os botões).

Ajustando elementos em um Gráfico Dinâmico

Semelhante ao que fazemos em um gráfico comum, podemos acrescentar e retirar itens de um gráfico usando os *Layouts Rápidos* ou *Adicionar Elementos de Gráfico* na guia *Design* do *Gráfico Dinâmico*.

Outra opção para retirar itens, é clicar com o botão direito sobre eles e *Excluir*.

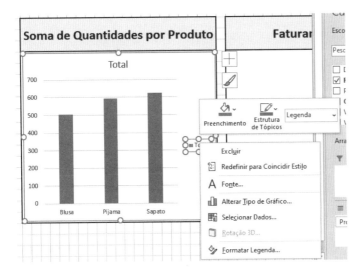

Para criar bons *Dashboards*, principalmente quando os usuários desse painel tiverem poucos conhecimentos de *Tabela* e *Gráfico Dinâmico*, a dica é deixar tudo o mais limpo possível, sem opções ou controles desnecessários.

Nesse caso, vamos retirar a *Legenda* e o *Título*, mantendo as informações em destaque.

Criando diferentes origens para Gráficos Dinâmicos

Os *Gráficos Dinâmicos* possuem esse nome por dois motivos: o primeiro é que tem sua origem em uma *Tabela Dinâmica* e o segundo (e mais importante) é que ele muda dinamicamente de acordo com os ajustes feitos na tabela de origem.

Dessa forma, se criarmos um segundo *Gráfico Dinâmico* baseado na mesma *Tabela Dinâmica* e alterarmos os *Campos* para mostrar uma nova informação, a tabela será alterada também e, consequentemente, o gráfico anterior. Por esse motivo, criaremos uma *Tabela Dinâmica* específica para cada *Gráfico Dinâmico* que colocaremos no *Dashboard*. (Essas tabelas podem ficar ocultas depois, já que a forma de ver os dados será pelo gráfico).

Para a seção *Faturamento Total*, é necessário criar uma tabela com a separação de *Vendedora* nas linhas e *Produtos* nas colunas:

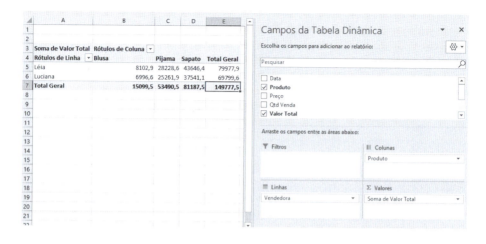

> **NOTE:** Não precisamos nos preocupar com a aparência da *Tabela Dinâmica*, já que depois visualizaremos os dados pelos gráficos e as tabelas ficarão ocultas.

Repetindo os passos do item anterior, criaremos o *Gráfico Dinâmico* e o ajustaremos ao *Dashboard*, até que tenhamos o seguinte resultado:

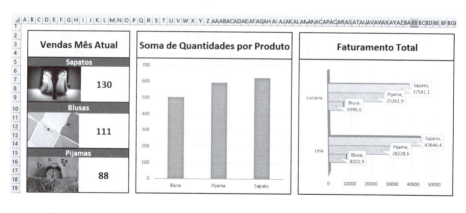

Leonardo precisou fazer alguns ajustes ao gráfico para chegar nessa configuração. Usou *Estilos de Gráfico* da guia *Design* para chegar à aparência desejada e ajustou os *Rótulos de Dados*, ou seja, escolheu o que se deve visualizar como informação detalhada dos dados apresentados graficamente. Nesse caso, vemos *Produto* e *Valor Total*. Leonardo usou o tipo de rótulo *Texto Explicativo*, usando os *Elementos de Gráfico*, como na imagem:

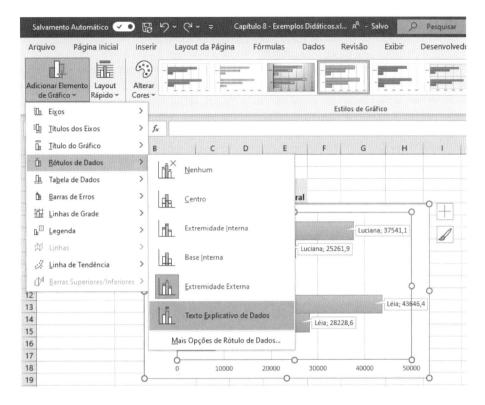

Em seguida, clicou em *Mais Opções de Rótulo de Dados...* para ajustar as informações que aparecem no texto explicativo. Observe atentamente que as alterações nos rótulos de dados são feitas em grupo, de forma que é necessário selecionar e alterar cada um deles. Trocando *Nome da Categoria* por *Nome da Série,* obtém-se o mesmo resultado que Leonardo.

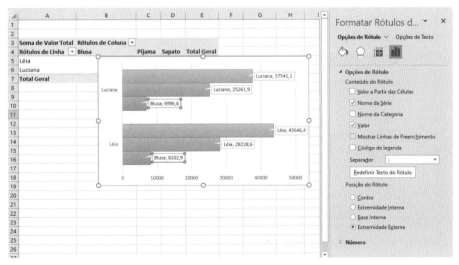

> **NOTE:** Os ajustes quando escolhemos *Mais opções de Rótulo de Dados...* são feitos pelo *painel* que se abre do lado direito da *janela* do Excel. Observe que ele é composto de várias configurações para a mesma funcionalidade, sendo possível criar várias alternativas interessantes para o uso dos gráficos.

SEGMENTAÇÃO DE DADOS E LINHAS DO TEMPO

A última parte da criação desse *Dashboard* é o uso de dois recursos de filtro bem interessantes porque deixam o painel com um aspecto mais expressivo e são muito fáceis de usar:

- *Segmentação de Dados*: um filtro utilizado para que os dados sejam vistos por segmentos.
- *Linha do Tempo*: Um tipo de filtro específico para datas que permite selecionar de maneira bem visual e intuitiva.

Tanto a *Segmentação de Dados* como a *Linha do Tempo* podem ser adicionadas a partir da guia *Inserir,* como também das guias *Gráfico Dinâmico* ou *Tabela Dinâmica*. Note que esses recursos não são exclusivos de gráfico e *Tabela Dinâmica*, podendo ser usados em conjunto com outros recursos.

Leonardo preferiu, antes de inserir os filtros, ocultar o seletor de campo dos *Gráficos Dinâmicos* para facilitar a visualização do *Dashboard*. Para isso, na guia *Gráfico Dinâmico,* desmarcou a opção *Lista de Campos*. Em seguida, com uma visualização melhor sobre o *Dashboard*, na guia *Gráfico Dinâmico* clicou em *Inserir Linha do Tempo*. Esse recurso pode ser utilizado em campos do tipo *Data* e, mesmo possuindo apenas um, é necessário escolher o campo e clicar em *Ok*.

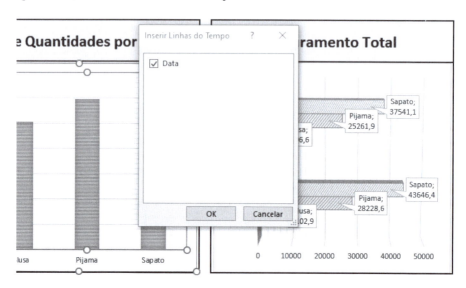

Na guia *Linha do Tempo* é possível configurar detalhes da aparência, como deixar de mostrar *Rótulo de Seleção* e *Nível de Tempo*, que, nesse caso, não eram necessários. Além disso, nessa guia Leonardo pode conectar a *Linha do Tempo* aos dois gráficos dinâmicos, usando o item *Conexões de Relatório*.

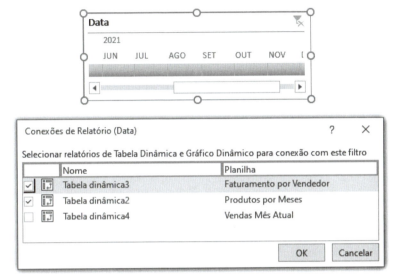

As *Conexões de Relatório* permitem definir em quais relatórios a *Linha do Tempo* surtirá efeito ao ser alterada.

LEMBRE-SE: Somente será possível adicionar *Tabelas Dinâmicas* que tenham *exatamente* a mesma fonte de dados.

Depois disso, Leonardo posicionou a *Linha do Tempo* no canto direito do *Dashboard* e em seguida criou duas *Segmentações de Dados* para os campos de *Vendedora* e *Produto*. Para criá-los o procedimento é o mesmo da *Linha do Tempo*, porém a segmentação de dados permite escolher qualquer campo.

IMPORTANTE: Não se esqueça de ajustar as conexões de relatório nos controles de *Segmentação de Dados*.

Ao final de todo o trabalho, o *Dashboard* está pronto:

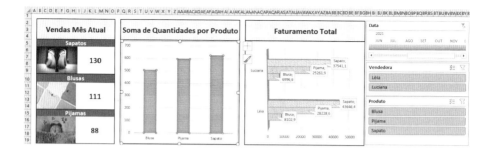

Atualizando o Dashboard

Leonardo fez questão de salientar para Léia e Luciana que o *Dashboard* montado dessa forma tem alguns níveis de atualização.

- *Dados iniciais (Vendas Léia e Vendas Luciana):* caso usem planilhas locais para anotar suas vendas, será necessário carregar os dados para a planilha *central*. Se utilizarem o Office 365 (que agora chama Microsoft 365), podem atualizar diretamente a planilha central por colaboração on-line.

- *Consulta combinada (Dados_Combinados_Vendas):* esse tipo de consulta pode atualizar-se em segundo plano, o que significa que solicitar *Atualizar Tudo* nas *Tabelas Dinâmicas* ou nos *Gráficos Dinâmicos* pode conter falhas de atualização se a consulta combinada ainda não estiver carregada. O ideal é solicitar a atualização da consulta combinada antes de atualizar a *Tabela Dinâmica*.

- *Tabelas e Gráficos Dinâmicos:* caso use a opção *Atualizar Tudo* e ainda não tenha atualizado a consulta combinada, espere o tempo de atualização dela e, em seguida, solicite a atualização dos dados novamente.

Exercício proposto
(Resolução no final do livro)

Exercício 1

Altere o *Dashboard* criado no capítulo 8, para que mostre, no gráfico *Soma de Quantidades por Produto,* quanto das vendas são de cada vendedora, como na imagem a seguir:

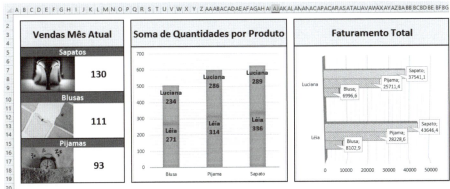

Anotações

9
Usando métodos de previsão

OBJETIVOS

» Entender as ferramentas *Testes de Hipótese* e *Análise de Dados*.

» Conhecer o recurso de *Tabela de Dados*.

» Visualizar o uso de *Cenários* para analisar hipóteses.

» Aprender a utilizar o recurso de *Atingir Meta*.

» Criar análises mais complexas com o uso do suplemento *Solver*.

Para acompanhar os exemplos didáticos do capítulo, use a planilha: *Capítulo 9 – Exemplos Didáticos.xlsx*.

Os recursos de *Testes de Hipóteses* e *Análises de Dados* são particularmente interessantes quando há possibilidades diferentes de dados ou cenários que podem compor a solução de um problema. Analisar os resultados com cada uma das opções pode ajudar a escolher a melhor solução. Até mesmo alguns tipos de problemas que necessitam ser resolvidos pelo método de tentativa e erro são especialmente beneficiados por recursos como *Solver*, que veremos neste capítulo.

Tabela de Dados

Eliel gostaria de comprar um carro, mas tem dúvidas sobre qual valor consegue pagar de prestação mensal e em quantas parcelas deve fazer para atingir o valor do carro desejado. Ele sabe que, com a função *VP*, possuindo taxa, quantidade e valor de parcelas, é possível calcular o valor de carro que consegue comprar.

Eliel decidiu usar o recurso de *Tabela de Dados* para comparar diferentes quantidades de parcelas com diversos valores e visualizar os preços do carro que se pode comprar.

O recurso de *Tabela de Dados* permite *variar* valores nas linhas e/ou colunas para observar os diferentes valores resultantes dessas variações em uma determinada função. Veja na figura a seguir um modelo de como montar uma *Tabela de Dados* para o exemplo de Eliel.

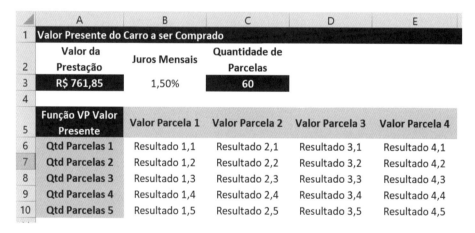

Observe que há uma regra para a montagem da *Tabela de Dados* com duas variáveis:

1. A função deve ficar no canto superior esquerdo da tabela, no caso representada pela célula *A5*, onde se lê *Função VP Valor Presente*.
2. As variáveis originais da *Função VP Valor Presente* ficam fora da tabela, neste caso representadas pelas células *A3* e *C3*. Essas são as variáveis que darão origem à tabela com os resultados.

Organizando uma Tabela de Dados

O passo mais importante para usar a *Tabela de Dados* é entender como os dados devem ser organizados. Agora que Eliel já tem um modelo de como montar a *Tabela de Dados*, ele pode substituir os dados com as informações do carro que deseja comprar e ver a comparação dos valores que pode atingir, variando a quantidade e o valor das parcelas. A seguir temos a planilha final, destacando um carro pago em 36 prestações de R$750,00:

Os passos que Eliel seguiu para montar essa planilha foram:

1. Montar a função na célula *A5*, usando as variáveis das células que estão fora da área da tabela da dados *A5:E10*. A função usada foi:

=VP(B3;C3;A3;;0)*-1

2. Preencher os valores de prestações que queria analisar na linha 5 (*B5, C5, D5, E5*).

3. Preencher as quantidades de parcelas que gostaria de analisar na coluna A (*A6, A7, A8, A9* e *A10*).

4. Selecionar o intervalo *A5:E10*.

5. Escolher a guia *Dados >> Teste de Hipóteses >> Tabela de Dados*.

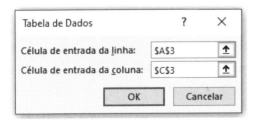

6. Célula de entrada da linha: *$A$3*

7. Célula de entrada da coluna: *$C$3*
8. Pronto! A tabela está completa e será atualizada a cada alteração em *A3, C3* ou *A5*.

NOTE: A função VP *devolve* valores negativos. Nos casos em que o valor digitado na entrada é positivo, é preciso acrescentar **-1* ao final da função para tornar o resultado positivo.

Cenários

Ao estudar sobre *Teste de Hipóteses*, Eliel aprendeu que existe um outro recurso chamado *Cenários* e percebeu que ele pode agora, criar uma variação nas taxas de juros para criar alguns cenários. Esse recurso permite que Eliel estabeleça variações em uma ou mais variáveis e armazene isso no *Gerenciador de Cenários*.

NOTE: O recurso de cenários é totalmente *independente* da *Tabela de Dados*, podendo ser usado sozinho, embora nesse exemplo específico tenhamos usado junto.

Acessando o *Gerenciador de Cenários,* é possível guardar variações de valores para uma ou mais células, de forma que a variação delas forme um cenário. No caso de Eliel, a variação é da taxa de juros na célula *B3*. Ele quer contemplar três cenários diferentes: *Taxa Atual, Juros em Elevação* e *Juros em Queda*.

Clicando na guia *Dados,* depois em *Teste de Hipóteses >> Gerenciador de Cenários,* Eliel pode construir os cenários desejados.

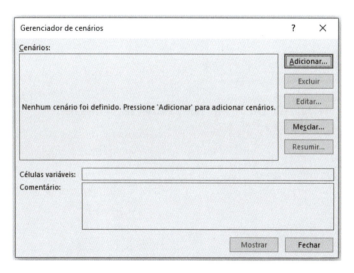

O primeiro passo que Eliel tem de fazer depois de acessar o gerenciador de cenários é *Adicionar* um cenário, colocando um nome para o cenário desejado e listando qual ou quais intervalos pretende incluir. No caso do nosso exemplo, o cenário será constituído apenas pela célula *B3*, onde está a porcentagem de juros.

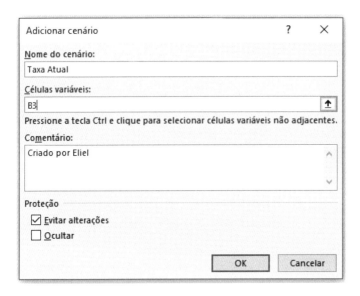

Ao clicar em *OK*, é necessário informar os valores para as células que foram incluídas no cenário. Como está em porcentagem, o valor é *0,015*.

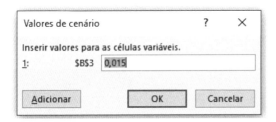

Em seguida é possível encerrar ou incluir o próximo cenário. Eliel criou três:

- *Taxa Atual = 0,015*
- *Juros em Alta = 0,017*
- *Juros em Baixa = 0,012*

Agora, basta selecionar o cenário desejado e clicar em *Mostrar* para que a célula (ou células) seja(m) carregada(s) com os valores definidos para o cenário.

Eliel resolveu gerar um relatório com as possibilidades e os resultados da *Tabela de Dados,* clicando em *Resumir* e, em seguida, escolhendo *Resumo do cenário:*

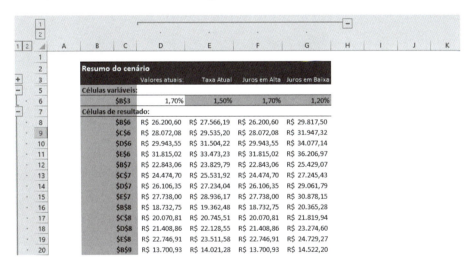

 NOTE: O relatório de resumo é criado em uma nova planilha, de maneira que é possível voltar para os dados da tabela apenas retornando à planilha original. Outro ponto importante é que também se pode resumir os dados em uma *Tabela Dinâmica.*

ATINGIR METAS

Quando começou a fazer as simulações, Eliel tinha em mente que gostaria de comprar um carro de aproximadamente R$ 35.000,00. Depois de aprender sobre *Tabelas de Dados* e *Cenários*, ele percebeu que talvez o recurso de *Atingir Metas* poderia resolver o problema dele de maneira mais fácil. Cada um dos recursos é mais adequado em uma determinada situação:

Tabela de Dados: facilita quando a necessidade é visualizar os resultados de uma função, mudando uma ou duas variáveis dessa função e mostrando todos os resultados possíveis para essas variações.

Cenários: ideal quando se pretende criar conjuntos de dados para uma ou mais células que compõem um cenário e que serão usadas para aferir resultados para cada um dos cenários alternadamente. Ou também se pode criar um relatório com as variações.

Atingir Meta: esse recurso é especialmente útil quando se quer chegar em um resultado específico de uma função ou fórmula, mas não se sabe exatamente quais dados geram o resultado esperado.

Observe que, agora, Eliel sabe o valor do carro que gostaria de comprar, mas não sabe qual a quantidade de parcelas que gera o valor esperado. Ele poderia fazer na *tentativa e erro*, mas é justamente esse processo que será feito pelo *Atingir Metas*. Usando a mesma função da planilha já utilizada, ele encontrará qual o valor da prestação necessário para comprar um carro de *R$ 35.000,00*.

Na mesma opção de *Teste de Hipóteses*, Eliel escolheu *Atingir Meta*.

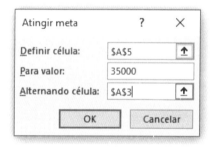

- *Definir célula:* onde está a função que deverá resultar o valor esperado – neste exemplo, *A5*.
- *Para valor:* o valor que se pretende que a função retorne – neste caso, *35.000*.
- *Alternando célula:* a célula que irá variar para que a função retorne o valor desejado, sendo o *Valor da Prestação* a célula *A3*.

Ao clicar em *Ok*, o *Atingir Meta* tentará chegar a um valor. Nesse caso, é possível atingir o valor exato solicitado:

	A	B	C	D	E
1	Valor Presente do Carro a ser Comprado				
2	Valor da Prestação	Juros Mensais	Quantidade de Parcelas		
3	R$ 935,09	1,70%	60		
4					
5	R$ 35.000,00	R$ 700,00	R$ 750,00		850,00
6	60	R$ 26.200,60	R$ 28.072,0		31.815,02
7	48	R$ 22.843,06	R$ 24.474,70	R$ 26.106,35	R$ 27.738,00
8	36	R$ 18.732,75	R$ 20.070,81	R$ 21.408,86	R$ 22.746,91
9	24	R$ 13.700,93	R$ 14.679,57	R$ 15.658,21	R$ 16.636,84
10	12	R$ 7.540,99	R$ 8.079,63	R$ 8.618,27	9.156,91

Clicando em *Ok*, o valor será mantido e a planilha, atualizada com o valor do *Atingir Meta*. Clicando em *Cancelar*, o valor será descartado e a planilha, mantida.

NOTE: Usando esse recurso, apenas uma variável pode ser alterada de uma única vez. Caso haja necessidade de simulações mais complexas, será necessário usar um complemento do Excel chamado *Solver*.

Solver

Imagine que Eliel queira saber qual o valor da parcela para comprar um carro de R$ 40.000,00 com juros entre 1,50% e 1,65%, sendo que a quantidade de parcelas não pode ser maior do que 60. Como não seria possível utilizar o recurso de *Atingir Meta* para usar todas essas *Restrições*, temos a opção de usar um complemento do Excel chamado *Solver*.

Antes de usar o recurso *Solver*, é preciso habilitar esse complemento. Na guia *Arquivo*, acesse *Opções*. Na caixa *Opções do Excel*, escolha *Suplementos*, conforme a imagem:

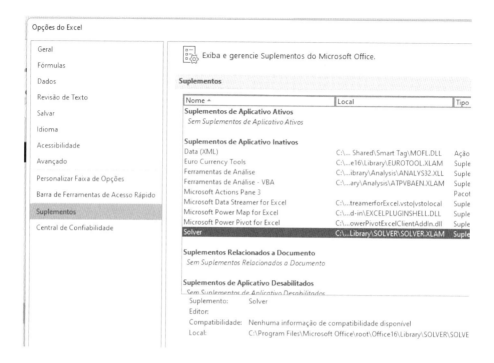

Na parte de baixo da caixa de opções, em *Gerenciar:*, escolha *Suplementos do Excel* e em seguida clique em *Ir....* Na caixa *Suplementos,* clique *OK*.

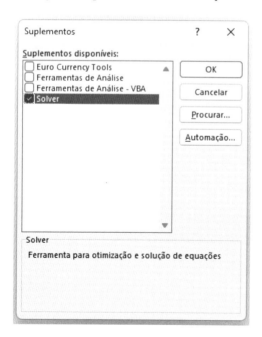

Após habilitar o suplemento *Solver*, na guia *Dados*, um novo grupo será criado e teremos uma nova opção ao final da guia, chamada *Solver*.

Com o recurso avançado *Solver*, é possível criar objetivos e restrições, como as que Eliel deseja colocar na nova simulação.

Na janela anterior, Eliel já definiu o *Objetivo* como *$A$5* e a simulação para *Valor de* igual a *40.000*. Além disso, definiu quais são as células que o *Solver* pode alterar para chegar no resultado esperado, *$A$3:$C$3*. Contudo ainda temos que *adicionar* as restrições.

As restrições devem mostrar ao *Solver* quais são as regras de variação das células envolvidas no cálculo. Para as restrições, clicando em *Adicionar* é possível incluir cada uma delas. Na caixa que se abre, deve-se digitar a célula, o tipo de restrição e o valor a ser restringido, como no caso de juros, por exemplo:

Em nosso exemplo as restrições a serem adicionadas são:

- Juros ($B$3) *menor ou igual a (<=) 0,0165*
- Juros ($B$3) *maior ou igual a (>=) 0,015*
- Parcelas ($B$3) *menor ou igual a (<=) 60*

Depois de adicionar todas as restrições, é possível clicar em *Resolver*. A caixa *Parâmetros do Solver* deve estar como a imagem a seguir.

Quando Eliel clicar em resolver, o Excel buscará os valores que satisfaçam todas as restrições. Nesse caso, teremos um resultado exato, porém, dependendo do cenário, pode não ser possível encontrar uma solução exata.

O resultado da simulação é apresentado em uma nova caixa de diálogo e o usuário pode aceitar *Manter Solução do Solver* ou *Restaurar Valores Originais*.

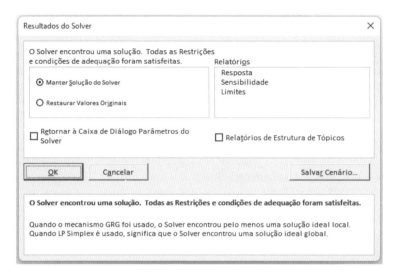

Eliel está satisfeito com a resposta da parcela e clica em *OK* para manter os resultados encontrados. Agora Eliel tem todas as informações que queria; além disso, aprendeu muito sobre *Testes de Hipóteses*. A planilha ficou assim:

	A	B	C	D	E
1	Valor Presente do Carro a ser Comprado				
2	Valor da Prestação	Juros Mensais	Quantidade de Parcelas		
3	R$ 1.015,74	1,50%	60		
4					
5	R$ 40.000,00	R$ 700,00	R$ 750,00	R$ 800,00	R$ 850,00
6	60	R$ 27.566,19	R$ 29.535,20	R$ 31.504,22	R$ 33.473,23
7	48	R$ 23.829,79	R$ 25.531,92	R$ 27.234,04	R$ 28.936,17
8	36	R$ 19.362,48	R$ 20.745,51	R$ 22.128,55	R$ 23.511,58
9	24	R$ 14.021,28	R$ 15.022,80	R$ 16.024,32	R$ 17.025,84

NOTE: A célula de objetivo do *Solver* deve ser uma fórmula. As células a serem alteradas devem ser variáveis que influenciam nessa fórmula e os valores alterados serão incluídos diretamente nessas células.

Exercícios propostos
(Resolução no final do livro)

Analise as situações a seguir e, para cada uma delas, responda: Qual é a melhor funcionalidade para se usar (*Tabela de Dados*, *Cenários*, *Atingir Meta* ou *Solver*)?

Exercício 1

Para montar uma loja virtual, Beto quer criar uma planilha com os resultados financeiros de cada uma das possibilidades de retorno para as quantidades de vendas dos produtos. Por exemplo: para 10, 20, 30, 40 ou 50 vendas quando receberá, se o produto custar R$20,00, R$30,00 ou R$50,00?

Exercício 2

Descobrir qual o valor de *uma* das variáveis que influenciam no resultado de uma função, para que esta gere um resultado específico.

Exercício 3

Descobrir o valor de *mais de uma* das variáveis que influenciam no resultado de uma função, podendo estabelecer restrições para essas variáveis.

Exercício 4

Beto decidiu estabelecer alguns alvos para suas vendas, criando conjuntos de valores para representar os cenários *Pessimista*, *Otimista* e *Mais Provável* de vendas, variando entre eles para fazer análises. Qual recurso do Excel deveria usar?

Anotações

Anotações

10

Proteção de planilha e *Validação de Dados*

Objetivos

» Compreender a lógica de proteção de uma planilha.

» Visualizar as diferenças entre proteger uma planilha ou uma pasta de trabalho.

» Entender o que é *Validação de Dados*.

» Conhecer os diferentes tipos de *Validação de Dados*.

Para acompanhar os exemplos didáticos do capítulo, use a planilha: *Capítulo 10 – Exemplos Didáticos.xlsx*.

Proteger uma planilha ou uma pasta de trabalho pode ser muito útil para preservar aprimoramentos que foram feitos em alguma planilha Excel, principalmente quando muitas pessoas vão usar essa pasta de trabalho.

PROTEGENDO A PLANILHA

Rogério pediu uma cópia da planilha feita por Luciano (capítulo 3, "Funções de matemática e finanças") para usar na marcação dos gastos diários. Porém ele quer compartilhar a utilização dela com sua esposa Laís e seu filho Gabriel. Depois de ficar em dúvida se todos conseguirão usar bem a planilha, decidiu proteger algumas partes dela.

É muito comum proteger as fórmulas de uma planilha que são a parte mais sensível a alterações. Devemos sempre lembrar que a proteção deve ser feita em duas etapas:

Etapa 1: definir quais células estarão livres e quais estarão travadas.

Etapa 2: proteger a planilha.

Na *etapa 1* deve-se lembrar de que por padrão *todas* as células estão travadas, ou seja, se protegermos a planilha não será possível alterar *nenhuma* informação enquanto ela estiver travada.

Assim como na imagem, qualquer tentativa de alterar informações em uma planilha totalmente protegida resultará na mensagem: *A célula ou gráfico que você está tentando alterar está em uma planilha protegida. Para fazer uma alteração, desproteja a planilha. Pode ser necessário inserir uma senha.*

Observando isso, Rogério precisa *liberar* as células que devem ficar *abertas* após proteger a planilha. Para isso, o primeiro passo é selecionar o intervalo que se quer manter destravado, que nesse caso serão as colunas *D, E, F e G* e, em seguida, na guia *Página Inicial*, em *Formatar*, clicar em *Bloquear Célula* (até que o cadeado fique desmarcado), como na figura a seguir:

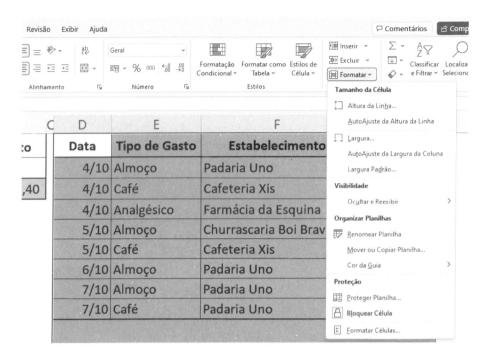

Outra opção (que tem o mesmo resultado) é usar as teclas de atalho *CTRL + 1* para acessar a caixa de diálogo *Formatar Células*. Em seguida na opção *Proteção*, basta desmarcar a opção *Bloqueadas*:

Observe que na caixa *Proteger Planilha* é possível escolher uma senha (que é opcional) e alguns outros comportamentos da planilha – por exemplo, se será possível *Selecionar*

células bloqueadas ou *Selecionar células desbloqueadas,* entre outros. Todos os comportamentos que estiverem marcados serão *permitidos,* os demais estarão *travados.*

Caso deseje escolher uma senha e a esqueça, pode inutilizar o uso da planilha. As opções *Selecionar células bloqueadas* e *Selecionar células desbloqueadas* já vêm marcadas por padrão e a maioria dos usuários está acostumada a fazer essas duas ações em uma planilha protegida. Mudar essas configurações pode causar dificuldades para outros usuários da planilha.

Para *Desproteger* uma planilha, basta acessar a guia *Página Inicial,* na opção *Formatar* e clicar em *Desproteger Planilha.* Caso tenha sido definida uma senha, para desbloquear a planilha será necessário digitar a senha, como na imagem a seguir:

Agora que a planilha está travada, Rogério já poderia compartilhar com os demais usuários, mas percebeu que ainda é possível *Incluir, Renomear, Ocultar* e até mesmo *Excluir* uma planilha da pasta de trabalho, e isso poderia causar acidentalmente a perda de todos os dados dela:

Porém para proteger a estrutura da planilha, é necessário usar outra funcionalidade chamada *Proteger Pasta de Trabalho.*

Protegendo a Pasta de Trabalho

Proteger Pasta de Trabalho é um pouco menos comum no dia a dia do que *Proteger Planilha,* mas pode ser bastante útil em alguns casos. Com esse recurso, Rogério pode impedir que *acidentalmente* os dados da planilha sejam apagados ao excluir uma aba.

Na guia *Revisão* é possível, além da opção *Proteger Pasta de Trabalho,* usar um outro caminho para achar a opção *Proteger Planilha* (a funcionalidade é exatamente a mesma).

Ao solicitar a proteção da *pasta de trabalho,* na versão 2019 ou no Microsoft 365 não é mais possível proteger *Janela*. Então, a proteção passa a ser somente da estrutura e é possível definir uma senha que, assim como na proteção de *planilha,* é opcional.

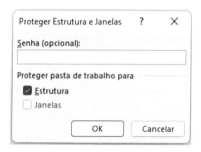

Após proteger a estrutura da pasta de trabalho, não é mais possível *Incluir, Excluir, Renomear,* nem mesmo *Movimentar* as abas de planilhas.

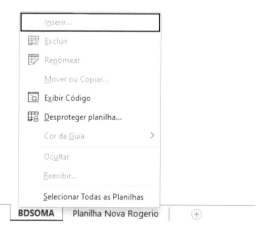

NOTE: Os recursos de proteção de *Planilha* e *Pasta de Trabalho* são totalmente independentes e podem ser usados de acordo com a necessidade de cada usuário.

O que é *Validação de Dados*?

Depois que Rogério criou a planilha e começaram a usar, Laís percebeu que facilitaria a localização da soma se houvesse uma lista de *Tipo de Gasto* e *Estabelecimento*, de maneira que fosse apenas selecioná-los. Para isso, ela decidiu usar uma *Validação de Dados*.

A *Validação de Dados* do tipo *Lista* é muito útil no dia a dia porque permite criar *Listas Suspensas* nas células e evita o preenchimento equivocado de valores. (Para criar a validação de dados será necessário desproteger a planilha.)

Existem várias formas de criar a listagem de itens que dará origem à *Lista Suspensa*, mas Laís decidiu fazer da forma mais *fácil*: criou uma pequena listagem a seguir do *intervalo de soma*, com as opções mais importantes do cotidiano para servir de origem para a *Validação de Dados*.

	A	B
1	**Tipo de Gasto**	**Estabelecimento**
2	Almoço	Padaria Uno
3	Total	R$ 82,40
4		
5	**Opções Gasto**	**Opções Estabelec.**
6	Almoço	Padaria Uno
7	Café	Farmácia da Esquina
8		Cafeteria Xis
9		
10		
11		
12		

Em *Opções Gasto* e *Opções Estabelec.*, Laís vai listar as alternativas mais relevantes para o dia a dia deles e criará uma *Validação de Dados*. Para criá-la, na guia *Dados*, *Validação de Dados...*, encontraremos a caixa de diálogo para criar esse recurso. (*Importante*: esteja com a seleção na célula em que quer colocar a validação; no caso desse exemplo, está selecionada a célula *A2*.)

Após clicar na opção *Validação de Dados...*, na caixa de diálogo correspondente, vamos selecionar o tipo *Lista* e o intervalo de origem de dados *A6:A12*:

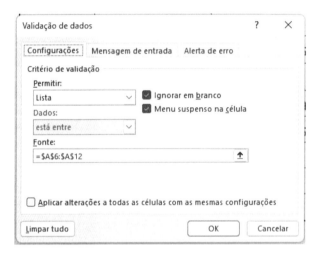

O mesmo procedimento pode ser feito para o intervalo de *Estabelecimentos*, na célula *B2*, usando como intervalo de origem para a lista *B6:B12*.

Depois de criar a *Validação de Dados* para os dois intervalos, teremos a possibilidade de usar a lista suspensa para criar as somas:

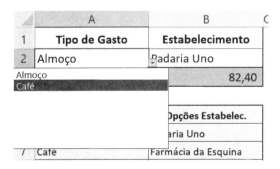

LEMBRE-SE: Criar listas suspensas pode ser muito útil porque ajuda aos usuários da planilha a criar dados consistentes e com maior rapidez.

Montando diferentes tipos de Validação de Dados

Embora a utilização mais comum seja exatamente como vimos no item anterior, a *Validação de Dados* pode ser muito mais abrangente do que apenas criar listas suspensas.

Existem várias opções de *Validação de Dados*, como por exemplo: validação de datas, de números, de texto, entre outros.

Validando Datas

Depois de criar as listas suspensas, Laís decidiu criar validação para a data do gasto, para evitar que se colocasse uma data fora do ano atual. Para isso, ela vai criar uma validação de dados do tipo *Data,* utilizando a *Validação de dados,* depois *Está entre.*

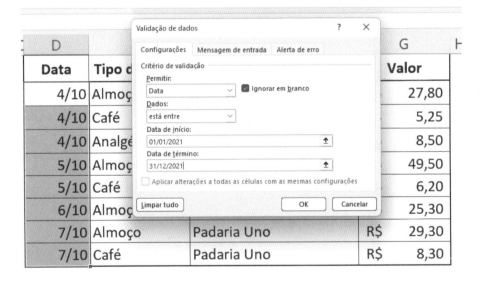

LEMBRE-SE: Antes de escolher a opção de *Validação de Dados* é preciso selecionar o *Range* em que a validação será aplicada. Essa seleção pode ser dos dados já digitados, ou então um range maior, prevendo as digitações de dados futura.

Digitando dados inválidos

Ao tentar incluir um dado que não está contido na regra de validação de dados atual do intervalo, o Excel emitirá uma mensagem avisando que os dados não podem ser efetivados nesta célula. *Essa mensagem é padrão, mas pode ser alterada.*

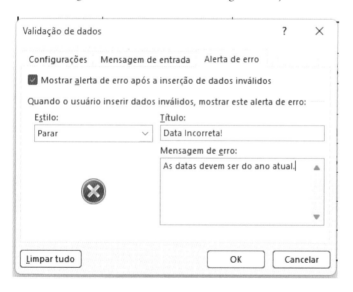

A mensagem *Este valor não corresponde às restrições de validação de dados definidas para esta célula* muitas vezes é incompreensível para o usuário e pode gerar dúvidas. Laís decidiu criar uma mensagem mais *amigável* para evitar equívocos. Para isso, usou a aba *Mensagem de Erro* da caixa de diálogo *Validação de Dados*.

Nessa aba, podemos criar não só um título e uma mensagem, como também alternar entre três estilos de mensagem:

- *Parar*: este é o estilo-padrão de mensagem, em que o usuário não pode ignorar o erro e terá de alterar o valor digitado para outro que esteja condizente com a validação de dados ou voltar para o valor anteriormente digitado.

- *Aviso*: o nível aviso é menos restritivo que o nível parar; nesse estilo, é possível aceitar um valor que esteja fora dos valores de dados da validação, mas será necessário selecionar a opção *Sim* (quero continuar mesmo estando fora da validação requisitada).

- *Informações*: o último nível é o menos restritivo de todos. Será considerado apenas informativo e o usuário pode digitar o valor que quiser.

Laís decidiu manter o nível de restrição em *Parar*.

Data	Tipo de Gasto	Estabelecimento	Valor	
4/10	Almoço	Padaria Uno	R$	27,80
4/10	Café	Cafeteria Xis	R$	5,25
1/07/2022	Analgésico	Farmácia da Esquina	R$	8,50
		rascaria Boi Bravo	R$	49,50
		eria Xis	R$	6,20
		ria Uno	R$	25,30
7/10	Almoço	Padaria Uno	R$	29,30
7/10	Café	Padaria Uno	R$	8,30

Observe que o aviso personalizado, além de mais amigável, facilita muito a vida do usuário, pois permite que ele entenda qual é o erro no processo.

Circulando dados inválidos

Algumas vezes nossa necessidade é validar dados que já estão digitados e isso também pode ser feito com a *Validação de Dados*. Ao incluir uma validação, os dados que já estejam na planilha não geram *alertas* de erro, mas podem ser realçados com a opção *Circular Dados Inválidos*.

Primeiro, criaremos uma validação de dados para os valores de gasto, conforme a imagem a seguir:

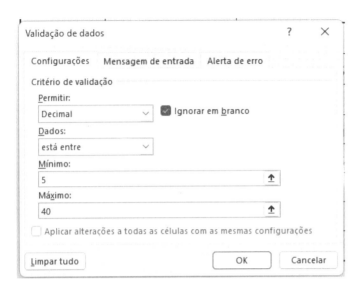

Com essa validação de dados, os valores gastos *válidos* são aqueles que estejam entre um mínimo de R$ 5,00 e um máximo de R$ 40,00. Note que usamos *Decimal,* e não *Número inteiro,* por conta das casas decimais (centavos).

Porém os dados já digitados não nos serão informados, a menos que usemos *Circular Dados Inválidos* para que o Excel mostre, dentre os valores já digitados, quais os que não obedecem a regra de validação criada.

D	E	F	G
Data	Tipo de Gasto	Estabelecimento	Valor
4/10	Almoço	Padaria Uno	R$ 27,80
4/10	Café	Cafeteria Xis	R$ 5,25
4/10	Analgésico	Farmácia da Esquina	R$ 8,50
5/10	Almoço	Churrascaria Boi Bravo	R$ 49,50
5/10	Café	Cafeteria Xis	R$ 6,20
6/10	Almoço	Padaria Uno	R$ 25,30
7/10	Almoço	Padaria Uno	R$ 29,30
7/10	Café	Padaria Uno	R$ 8,30

Agora é possível observar em destaque todos os valores que não obedecem à validação de dados para cada intervalo.

LEMBRE-SE: Para limpar os círculos de dados inválidos, existe a opção *Limpar Círculos de Validação* e, para limpar toda a validação de dados, na caixa *Validação de Dados,* use a opção *Limpar Tudo.*

Exercícios propostos
(Resolução no final do livro)

Exercício 1

Usando a planilha *Capítulo 10 – Exemplos Didáticos.xlsx*, na planilha *Validação em Lista*, crie uma regra de entrada de dados para que os nomes dos estabelecimentos não tenham mais de vinte caracteres.

Exercício 2

Utilize um recurso do Excel para evidenciar caso algum dos estabelecimentos, que já estavam cadastrados, esteja fora da regra de validação.

Anotações

11

Macros e formulários

OBJETIVOS

» Entender o que é *Macro* e para que serve.

» Aprender a automatizar tarefas com Excel.

» Saber como criar um formulário para interagir com a planilha.

» Conhecer o editor de linguagem *VBA* que existe no Excel.

Para acompanhar os exemplos didáticos do capítulo, use a planilha: *Capítulo 11 – Exemplos Didáticos.xlsm*.

Aprender *Macro* e automatização de tarefas com Excel é a melhor forma de elevar o patamar de conhecimento do aplicativo. Este recurso, apesar de um pouco mais complexo que os demais, aumenta muito as possibilidades de uso do aplicativo no dia a dia. Muitas tarefas que fazemos diariamente com Excel podem ser automatizadas apenas com o uso de gravação *Gravar Macro*, porém outras mais complexas para serem automatizadas precisam de uso da linguagem *VBA*.

O QUE É *MACRO*

Macro é uma sequência de comandos automatizados que permanece gravada na pasta de trabalho, de maneira que possa ser executada sempre que o usuário queira. Preservando essa sequência gravada, o usuário não precisa mais fazer manualmente esses comandos, mas apenas *executar a macro*.

AUTOMATIZANDO TAREFAS COM *MACRO*

Creuza trabalha na secretaria de uma escola e precisa criar planilhas padronizadas para os professores digitarem as notas dos alunos, mas sempre recebe reclamações de que as planilhas *perderam o formato*. Sabendo que muitas vezes os próprios professores tinham dificuldade de manter o formato da planilha, Creuza decidiu criar uma *Macro* com a aplicação de formatos para poder *consertar* as planilhas que apareciam com erros de formato. A única coisa que ela pede aos professores é que apontem as notas no lugar correto, mesmo que os formatos sejam quebrados.

Gravando Macros

Antes de começar a gravar as *Macros*, é preciso verificar se a guia *Desenvolvedor* já está habilitada no Excel. Por padrão, ela permanece desabilitada. Para habilitá-la, clique com o botão direito do mouse sobre qualquer uma das guias habilitadas, em seguida *Personalizar Faixa de Opções*.

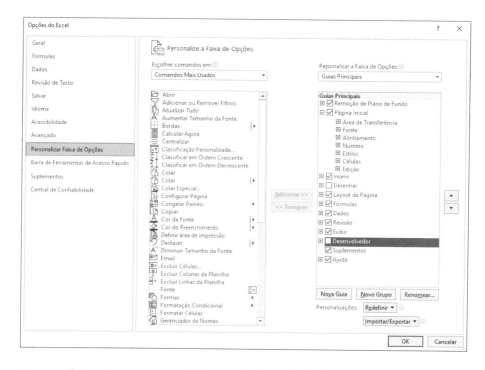

Em seguida, basta marcar a opção *Desenvolvedor* ao lado direito da janela que se abre.

A partir de agora, é possível usar todos os recursos de automatização disponíveis nessa guia, como na figura:

Creuza vai *Gravar Macro* para capturar todos os comandos que usa ao formatar a planilha dos professores. Assim, quando algum deles tiver problemas com formatos, ela poderá ajustar rapidamente a planilha apenas executando a *Macro*. O primeiro passo é criar uma planilha nova sem formatação e aplicar os formatos depois.

 IMPORTANTE: *Gravar Macro* é um procedimento muito detalhado, qualquer erro no momento de gravar, invalidará todo o procedimento. Mesmo que haja várias formas de se executar uma tarefa, nem todas resultarão em uma boa *Macro*.

Sabendo que algum passo errado pode invalidar toda a gravação, Creuza já criou uma planilha exatamente com os dados mínimos necessários. Ela sabe, por exemplo que, se gravar a planilha sem nome de aluno, provavelmente a *Macro* não funcionará em uma planilha com os nomes. Sabe também que a forma mais eficaz de *selecionar um intervalo* no momento de gravar uma *Macro* é usar as teclas de direção com *Shift* e *CTRL*, para selecionar todo o intervalo em uma direção.

A planilha *sem formatos* está assim:

	A	B	C	D	E	F	
1							
2	Professor:	Professor Exemplo					
3	Matéria:	Matéria aplicada					
4							
5	Alunos	1o. Bimes 2o. Bimes 3o. Bimes 4o. Bimestre					
6	Aluno 1						
7	Aluno 2						
8	Aluno 3						
9	Aluno 4						
10	Aluno 5						
11	Aluno 6						
12	Aluno 7						
13	Aluno 8						
14	Aluno 9						
15	Aluno 10						

Agora, iniciaremos a gravação com *Gravar Macro* na guia *Desenvolvedor,* definiremos o nome *Formato_Plan_Professores* (o nome da macro não pode ter espaços em branco) e aplicaremos os passos a seguir *exatamente* como a Creuza, para que a *Macro* funcione:

Passo 1: selecionar as linhas *1* e *4*, aplicar *cor de fundo* às células e *diminuir a altura* para que fiquem menores que as outras.

	A	B	C	D	E	F	G	H
1								
2	Professor:	Professor Exemplo						
3	Matéria:	Matéria aplicada						
4								
5	Alunos	1o. Bimes 2o. Bimes 3o. Bimes 4o. Bimestre						
6	Aluno 1							
7	Aluno 2							
8	Aluno 3							
9	Aluno 4							
10	Aluno 5							
11	Aluno 6							
12	Aluno 7							
13	Aluno 8							
14	Aluno 9							
15	Aluno 10							

Passo 2: selecionar as células *A2:A3* e aplicar *fundo escuro, fonte clara e com negrito e alinhamento à direita.*

	A	B	C	D	E	F	G
2	Professor:	Professor Exemplo					
3	Matéria:	Matéria aplicada					
4							
5	Alunos	1o. Bimesi 2o. Bimesi 3o. Bimesi 4o. Bimestre					
6	Aluno 1						
7	Aluno 2						
8	Aluno 3						

Passo 3: (executar *exatamente* da mesma forma) selecionar a célula *A5*. Com a tecla *Shift* e *CTRL* pressionadas, clicar nas setas de direção para a direita e para baixo (uma vez em cada). Em seguida, aplicar *Todas as Bordas.*

	A	B	C	D	E	F
2	**Professor:**	Professor Exemplo				
3	**Matéria:**	Matéria aplicada				
4						
5	Alunos	1o. Bimesi 2o. Bimesi 3o. Bimesi 4o. Bimestre				
6	Aluno 1					
7	Aluno 2					
8	Aluno 3					
9	Aluno 4					
10	Aluno 5					
11	Aluno 6					
12	Aluno 7					
13	Aluno 8					
14	Aluno 9					
15	Aluno 10					
16						
17						

Passo 4: selecionar as colunas *B, C, D e E* e *aumentar a largura* até que apareçam totalmente os rótulos.

Passo 5: selecionar a linha 5 e aplicar alinhamento *centralizado, negrito* e *fonte 12.*

Passo 6: na guia *Exibir,* desmarque a opção *Linhas de Grade.*

Passo 7: selecionar a célula *B2* (nome do professor) e na guia *Desenvolvedor* finalizar a gravação clicando em *Parar Gravação.*

	A	B	C	D	E
2	**Professor:**	Professor Exemplo			
3	**Matéria:**	Matéria aplicada			
5	**Alunos**	**1o. Bimestre**	**2o. Bimestre**	**3o. Bimestre**	**4o. Bimestre**
6	Aluno 1				
7	Aluno 2				
8	Aluno 3				
9	Aluno 4				
10	Aluno 5				
11	Aluno 6				
12	Aluno 7				
13	Aluno 8				
14	Aluno 9				
15	Aluno 10				

Pronto! Nossa *Macro* está gravada e pronta para uso. Porém, assim como todas as macros, existem algumas restrições para que ela funcione corretamente. Deve-se verificar sempre, antes de executá-la, se a planilha que será formatada possui:

- Os rótulos corretamente colocados na *linha 5*.
- *Pelo menos* um nome de aluno na *linha 6* (as notas não são necessárias, desde que haja os rótulos de *bimestre*).
- *Pelo menos* um rótulo de bimestre na *linha 5*.
- Não haja linhas em branco entre os nomes de alunos.
- Não haja colunas em branco entre os bimestres.

Executando Macros

Creuza recebeu a seguinte planilha de um professor, verificou as restrições e viu que é possível usar a *Macro*:

	A	B	C	D	E	F
1						
2	Professor: Fulano					
3	Matéria:	Matemática				
4						
5	Alunos	1o. Bimes	2o. Bimes	3o. Bimes	4o. Bimestre	
6	Luciano	9	8	10	9	
7	Léia	6	7	8	8	
8	Rodrigo	7	8	9	10	
9	Maria	8	9	6	8	
10	Regina	9	7	8	9	

Com a planilha em que está gravada a *Macro* original aberta (para usá-la), Creuza seleciona a planilha recebida do professor e na guia *Desenvolvedor* executa a *Macro*.

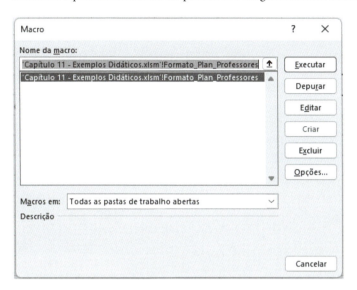

Na versão 2019 do Excel, é possível rodar *Macros* que estejam em outras pastas de trabalho, mas toda atenção é necessária, porque algumas não estão preparadas para serem executadas de outras planilhas. Se a *Macro* acessar algum dado específico da planilha, por exemplo, não será possível executá-la a partir de outra pasta. A *Macro* feita pela Creuza não tem restrição alguma quanto a isso, então ela roda a macro na planilha do professor:

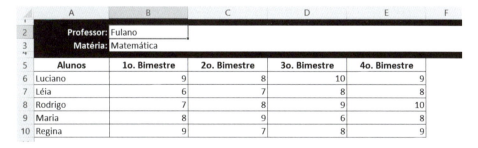

Tudo funcionou corretamente e o problema de formatação da Creuza agora pode ser facilmente corrigido apenas executando a *Macro*.

 IMPORTANTE: Para salvar uma pasta que contenha *Macro* é necessário mudar o tipo de arquivo de *.XLSX* para *.XLSM;* caso contrário, as automatizações serão perdidas ao tentar abrir o arquivo novamente.

Criando formulários no Excel

Existem várias formas de criar formulários usando Excel. Para gerar um exemplo completo de uma dessas formas, levaríamos muitos passos e a forma escolhida não atenderia a todos os leitores. Por isso, neste tópico do capítulo, vamos apenas aprender quais são as formas de criar formulários e explicar rapidamente como cada um deles poderia ser feito, ficando a cargo do leitor buscar complementar o conhecimento sobre a forma mais adequada para cada caso.

Criar formulários nas próprias células

Essa é a forma mais fácil de criar um formulário. Pode ser automatizado com a ajuda de *Macro* ou mesmo *VBA*.

Para usar essa alternativa, basta modelar as células de maneira que representem o formulário e pode-se usar a proteção de planilha para evitar que a estrutura seja alterada. Uma dica interessante é reduzir as células de todas as linhas e colunas (como fizemos para criar o *Dashboard*), facilitando o *Desenho* do formulário.

Na figura a seguir temos um exemplo desse tipo de formulário:

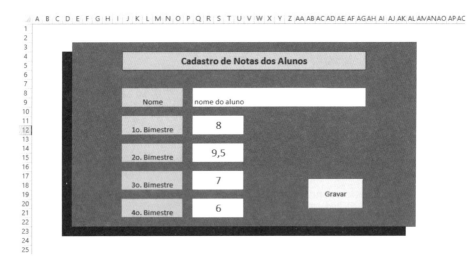

Para fazer esse formulário, foram usados apenas:

- *Mesclar Células*;
- Cor de preenchimento (*Formatar células*);
- *Bordas*;
- *Inserir >> Controles >> botão (Guia Desenvolvedor)*.

Criar controles de formulários

Depois de entendemos como criar formulários na própria planilha, podemos adicionar alguns controles (assim como fizemos com o botão no formulário anterior). Os dados do controle de formulário podem ser adicionados diretamente nas células, o que facilita a integração.

Apenas para ilustrar, montamos o mesmo formulário, porém usando controles de formulário.

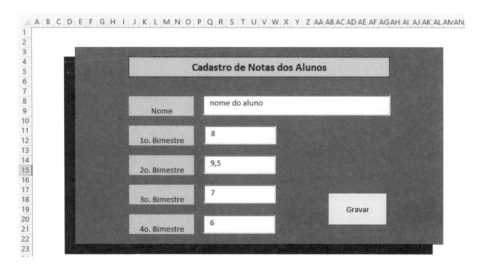

Embora esteja muito parecido ao anterior, os campos agora são inseridos a partir da guia desenvolvedor, e não são mais feitos diretamente nas células. Observe que na figura seguinte as colunas e linhas não foram reduzidas.

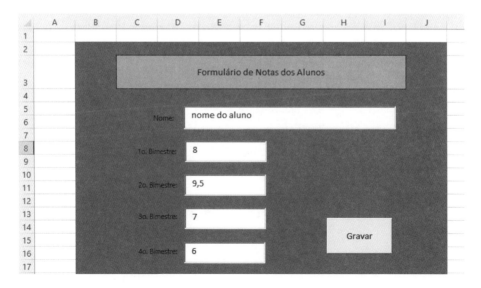

Criar formulários no editor de VBA

Embora tenhamos visto apenas como criar *Macros*, o Excel possui um editor completo de uma linguagem de programação chamado *VBA*, que está *por trás* do funcionamento das *Macros*. Cada vez que as gravamos, o Excel automaticamente cria um código em linguagem *VBA* para automatizar aqueles passos.

Mas também é possível aprender a programar na linguagem *VBA* e usar vários outros recursos embutidos nela, como: criar formulários.

Para entrar no editor, na guia *Desenvolvedor*, acesse a opção *Visual Basic*.

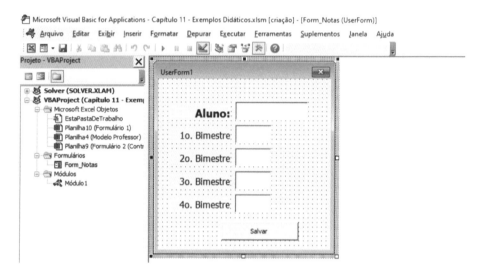

Depois de criar os formulários no editor de *VBA*, é possível utilizá-los em planilhas:

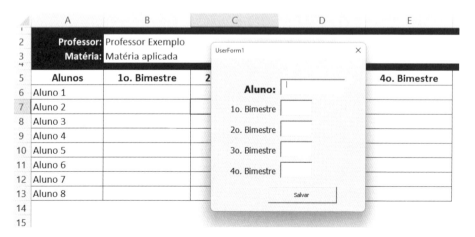

É importante ressaltar que a complexidade do uso do *VBA* é grande o suficiente para existirem cursos inteiros dedicados a ensinar a trabalhar com esse recurso. Para usar bem *VBA*, o leitor precisará compreender as bases de lógica de programação e aprender os comandos da linguagem.

 IMPORTANTE: O recurso de uso de formulários no *VBA* não está disponível para a versão do Excel para Mac; apenas para a versão Windows.

Usando Microsoft Forms

Para os usuários do Microsoft 365, ao utilizar a versão on-line do Excel, é possível integrar uma planilha diretamente com o Microsoft Forms, sem a necessidade de conhecer nada de programação, nem de VBA.

O Microsoft Forms é uma ferramenta integrante do Microsoft 365 que pode ser usada isoladamente ou ser integrada a uma planilha do Excel.

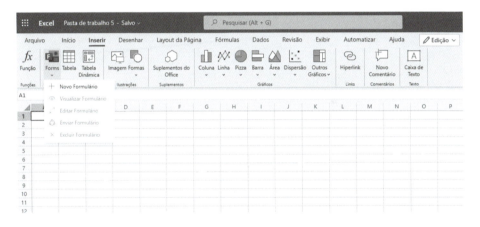

A integração, depois de criada, funciona normalmente com o Excel Aplicativo que está instalado no computador, mas a criação do formulário integrado deve ser feita a partir do Excel Online. No capítulo 12, "Colaboração on-line", veremos as diferenças entre os usos da versão Aplicativo e Online.

 IMPORTANTE: O Microsoft Forms não está relacionado ao *VBA*; é uma solução independente e desenvolvida para uso totalmente em nuvem.

Exercícios propostos

(Resolução no final do livro)

Complementando os conhecimentos do capítulo, pesquise e responda:

Exercício 1

É possível criar *Macros* no Excel Online da mesma forma que no Excel Aplicativo Desktop (instalado no computador)?

Exercício 2

Quem usa Excel em computadores Mac (Apple), pode adotar o recurso de criar formulários pelo editor *VBA*?

Exercício 3

É possível criar automatizações no Excel Online?

Anotações

Anotações

12

Colaboração on-line

OBJETIVO:

» Perceber que o Excel possui todas as ferramentas necessárias para colaboração on-line.

» Entender como a colaboração on-line pode ser fundamental na produtividade com as ferramentas do Office.

» Visualizar as diferenças de uso entre a versão on-line e a versão aplicativo do Excel.

» Conhecer o conceito Microsoft 365, Excel 365 e Excel Online.

Colaboração on-line é um tema fundamental hoje em dia, tanto para uso profissional quanto para o uso pessoal das ferramentas do Office. Ainda existe um mito para muitas pessoas de que os produtos da Microsoft (como o Excel) são feitos para uso exclusivo instalados no computador, enquanto os do Google seriam os produtos para colaboração on-line. Veremos ao longo deste capítulo que essa visão está totalmente equivocada.

Excel 2019, Excel Online ou Excel 365

Ainda há dúvidas quanto às *modalidades* de uso do Excel. Quanto mais passa o tempo, mais comum fica usá-lo como um serviço, e não como um produto. A Microsoft vem apostando nessa *modalidade* de uso e, para isso, lançou já há alguns anos o Office 365.

Office 365 (atualmente chamado de Microsoft 365) é uma modalidade de uso por assinatura em que o usuário paga uma mensalidade e tem os aplicativos do Office sempre atualizados. Essa é a modalidade que a Microsoft mais tem investido, inclusive trazendo preços bem convidativos para que os usuários migrem para ela.

A assinatura do Excel 365 (ou do Office 365) serve para as versões on-line e Aplicativo (que instalamos no computador) ou Mobile App (para smartphones e tablets). Algumas vezes, dizemos que temos o Excel 2019, mas na verdade temos uma versão mais atual, que é a 365 (essa versão recebe atualizações constantes).

> Existem diferentes tipos de planos de assinatura para o Microsoft 365, incluindo os aplicativos do Office. A maioria dos planos permite instalar os aplicativos do Office no computador (inclusive em mais de um computador por assinatura). Pode-se escolher planos pessoais ou empresariais e determinar a quantidade de usuários que serão incluídos em uma mesma assinatura.

Office 2019 (ou Excel 2019) é uma versão vitalícia, porém ela não recebe as atualizações de funcionalidade, mas apenas as correções de bugs. É uma modalidade de contratação que mantém a compatibilidade das versões anteriores, mas que pouco a pouco tem sido menos usada. Nesta versão, o aplicativo pode ser instalado no computador, e pode-se usar a versão gratuita do Excel Online.

> Para a maioria dos usos, a versão *vitalícia* terá um custo-benefício desvantajoso, principalmente se houver a necessidade de atualizar a versão posteriormente porque uma nova deverá ser comprada.

Office Online (ou Office para a Web) é um serviço de uso dos aplicativos do Office (incluindo o Excel) diretamente no navegador Web. É semelhante ao uso do *Google Planilhas*, porém muito mais alinhado com o Excel que está instalado no computador. É possível fazer colaboração on-line nativa e ter dois ou mais usuários editando a mesma planilha ao mesmo tempo. *Acessar o Excel Online é gratuito e não depende de possuir um plano de assinatura do Microsoft 365.*

Resumindo em poucos pontos:

Usar o Excel Online (ou Excel para Web) é gratuito e você pode fazer isso agora mesmo acessando https://office.com/, que é o site oficial da Microsoft. *(Basta entrar com uma conta Microsoft que também é gratuita. Caso ainda não tenha, pode criar na própria página do office.)*

Caso tenha uma assinatura do Microsoft 365 (antigo Office 365), o acesso ao Excel Online já contará automaticamente com algumas funcionalidades exclusivas para assinante *(o acesso é exatamente o mesmo da versão gratuita).*

A maioria das assinaturas do Microsoft 365 tem a opção de instalar os aplicativos no computador.

Se preferir comprar a Versão Vitalícia do Excel 2019 sem fazer a assinatura, você terá que instalar a versão em um computador e, quando quiser, usará a versão gratuita do Excel Online, sem as funcionalidades extras de assinantes.

Como acessar a versão on-line

O site oficial da Microsoft para acessar o Office é: https://office.com/.

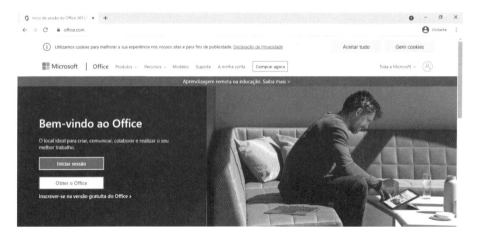

Acessar a versão on-line (Office para Web) é gratuita, o único pré-requisito é acessar com uma *Conta Microsoft*. Caso ainda não tenha, na própria página inicial é possível criar uma.

 Se você utilizar Windows 10 ou superior, provavelmente o usuário para *Logar* no computador já é uma *Conta Microsoft*.

Diferenças entre versões: on-line e desktop

Para as comparações descritas neste capítulo, utilizaremos uma versão mais nova que a 2019 para conhecer as últimas novidades do Excel. Serão usadas três versões diferentes:

- *Versão Desktop ou Aplicativo para computador:* Excel do Microsoft 365 (instalado no computador com Windows 11);
- *Versão Web:* Excel para Web (versão gratuita);
- *Versão Web com Microsoft 365:* Excel para Web com plano *Microsoft 365 Apps para Pequenos e Médios Negócios.*

Nova aparência do Office "Desktop"

Para os usuários de Microsoft 365, o Office tem novo visual, que coincide com o lançamento do Windows 11.

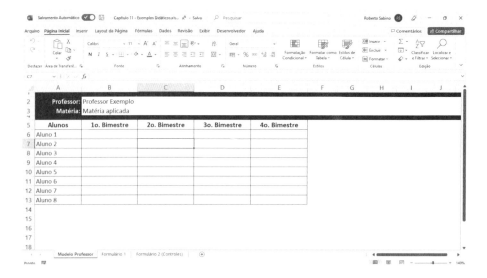

O Excel *abandona* o tradicional verde e adéqua-se ao estilo *claro* ou *escuro*, conforme a configuração do Windows. A faixa de opções fica mais personalizável, mas os comandos principais permanecem iguais.

Conhecendo o Excel para Web

Alguns usuários de Excel nunca usaram a versão Web e podem espantar-se como a versão é compatível e fácil de utilizar. Ainda mantendo a *aparência 2019*, o Excel para Web provavelmente terá alterações em breve *(uma das características da versão Web é a atualização frequente)*.

Na imagem anterior, está a versão gratuita do Excel para Web (Online). Essa versão depende de uma conexão com a internet para funcionar, e as pastas de trabalho devem estar em nuvem, preferencialmente no OneDrive.

Na figura a seguir, observamos a versão do Excel para Web acessado com uma conta que tem plano de assinatura 365, e uma das diferenças mais características é a presença da guia *Automatizar*, que permite usar scripts (semelhante ao que se faz com *VBA*).

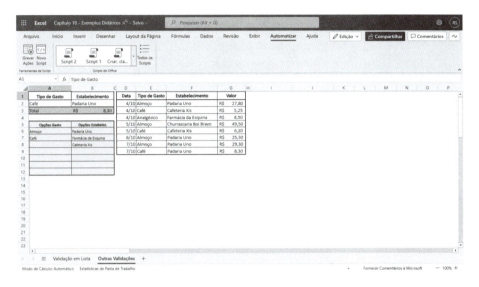

 LEMBRE-SE: O Excel só poderá prover todas as funcionalidades de colaboração on-line e compartilhamento de informações se as planilhas estiverem em nuvem. A solução nativa da Microsoft é o OneDrive, que se integra automaticamente com o Windows e pode proporcionar uma facilidade de uso muito grande.

Usando o OneDrive

Ao acessar o Office para Web, além do Excel, é possível localizar também o OneDrive, tanto na versão com plano 365 quanto na versão gratuita. As planilhas podem ser gravadas no OneDrive tanto no Excel Web quanto no Excel Aplicativo (Desktop). Porém, caso haja uma pasta de trabalho em seu computador, para utilizá-lo na nuvem é preciso *copiar* ou *mover* a pasta de trabalho para o OneDrive.

O Windows 10 e o Windows 11 já possuem aplicativo do OneDrive que funciona também no computador, possibilitando que o usuário tenha uma experiência semelhante ao utilizar arquivos locais ou em nuvem.

A imagem anterior é a tela inicial do OneDrive quando acessado pelo Office para Web. É possível acessá-lo diretamente pelo link: https://onedrive.live.com/.

No Windows, por padrão, ao acessar o sistema operacional por meio de uma *Conta Microsoft* já é configurada a sincronização com os arquivos no OneDrive. Na barra de tarefas, na parte inferior direita da tela, aparecem os avisos de sincronização e as configurações, como na figura:

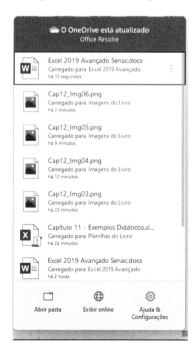

IMPORTANTE: Usar soluções em nuvem requer uma conexão estável com a internet. Caso haja problemas frequentes de conexão, é importante avaliar a necessidade de adotar os aplicativos instalados no computador. Ao configurar o OneDrive no Windows, a solução passa a ser *híbrida*, pois oferece condições de trabalhar *on-line* e *off-line*.

Editando com colaboração on-line

Assim que os arquivos estiverem no OneDrive, não importa onde vamos editar a pasta de trabalho, será possível usar colaboração on-line. Na imagem a seguir, a planilha do capítulo 10, "Proteção de planilha e validação de dados", foi aberta no Excel Aplicativo (desktop) e no Excel para Web. Perceba que é possível identificar dois pontos de edição na pasta de trabalho.

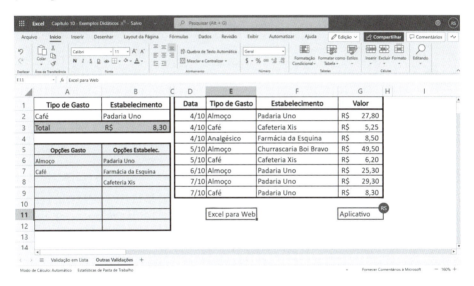

Na imagem anterior (print da tela do Excel para Web) é possível identificar que a edição está na célula *E11* em que está escrito *Excel para Web*, enquanto é possível ver um outro ponto de edição (externo) na célula *G11*, em que está escrito *Aplicativo*.

Já na imagem seguinte, é possível ter a visão do aplicativo desktop, em que os pontos de edição são os mesmos, porém invertidos. Quando estamos trabalhando com colaboração on-line, o ponto de edição de outros usuários mostra as iniciais dele, neste caso *RS*, de Roberto Sabino.

 LEMBRE-SE: Para editar pastas de trabalho usando colaboração on-line, é necessário adotar o OneDrive, mesmo que estejamos utilizando o *aplicativo desktop*.

EXCEL COMO FERRAMENTA DE DESENVOLVIMENTO PROFISSIONAL

Atualmente o mercado de trabalho passa por uma revolução que pode ser mencionada como *Quarta Revolução Industrial* ou, em outros contextos, *Transformação Digital*. O importante é entender que, com o passar do tempo, cada vez mais a tecnologia vai estar presente em mais profissões.

Neste contexto, o Excel é uma das principais ferramentas usadas tanto por pessoas de negócio como por pessoas de tecnologia. Não importa qual carreira ou qual uso se pretenda fazer, o Excel é uma ótima ferramenta para fortalecer a carreira profissional de qualquer pessoa.

Por isso, agora que chegamos ao último capítulo de conteúdo técnico, aproveite para recapitular tudo que vimos e buscar cada vez mais conhecimento sobre essa ferramenta tão importante.

Anotações

Anotações

Capítulo Bônus –
Dicas e consulta rápida

Funções mais utilizadas

A seguir, veja algumas das funções mais usadas no Excel, englobando funções básicas e avançadas.

Funções de matemática e trigonometria

SOMA()	
O que faz:	Efetua uma soma dos parâmetros indicados.
Quando usar:	Sempre que quiser realizar soma de valores, como: valores financeiros, percentuais, parcelas de um empréstimo, entre outros.
Estrutura (sintaxe):	=SOMA([intervalo1]; [intervalo2]; [intervalo x])
Exemplos:	=SOMA(B2:D2) "soma usando um único intervalo". =SOMA(B2:D2 ; B4:D4) "soma usando mais de um intervalo".

MULT()	
O que faz:	Efetua uma multiplicação dos parâmetros indicados.
Quando usar:	Sempre que quiser realizar multiplicação de valores, por exemplo: quantidade x valor.
Estrutura (sintaxe):	=MULT([intervalo1]; [intervalo2]; [intervalo x])
Exemplos:	=MULT(B2:D2) "soma usando um único intervalo". =MULT(B2:D2 ; B4:D4) "soma usando mais de um intervalo".
Pontos de atenção:	Pode ser mais fácil usar fórmula quando houver poucos valores a serem multiplicados "=B2*C2", por exemplo.

SOMARPRODUTO()	
O que faz:	Efetua a soma do resultado de uma série de multiplicações dos elementos dos intervalos indicados.
Quando usar:	Para saber o valor final da soma de uma tabela de produtos (quantidade x valor), por exemplo.
Estrutura (sintaxe):	=SOMARPRODUTO([intervalo1]; [intervalo2]; [intervalo x])

Exemplos:	=*SOMARPRODUTO(B2:B5 ; C2:C5)* "somar produto usando dois intervalos". =SOMARPRODUTO(B2:B5 ; C2:C5 ; D2:D5) "somar produto usando mais de dois intervalos".
Pontos de atenção:	Os intervalos devem ter a mesma quantidade de itens. Se usar apenas um intervalo, o resultado será o mesmo da função *SOMA()*.

SOMASE()	
O que faz:	Efetua uma soma, condicionando o resultado a alguma informação (critério).
Quando usar:	Quando quiser efetuar a soma de dados de um intervalo, adicionando apenas os elementos que corresponderem a um critério.
Estrutura (sintaxe):	=*SOMASE([intervalo critérios]; [critério]; [intervalo soma])*
Exemplos:	=*SOMASE(A3:A5 ; "caneta" ; B3:B5)* "digitando o critério diretamente na função". =*SOMASE(A3:A5 ; D7 ; B3:B5)* "usando referência para estabelecer os critérios". =*SOMASE(B3:B5 ; D7)* "usando o intervalo de soma = intervalo de critérios".
Pontos de atenção:	O intervalo de critérios deve ter a mesma quantidade de células do intervalo de soma. Se aquele for o mesmo do intervalo a ser somado, pode-se omitir o terceiro parâmetro [intervalo soma].

Funções estatísticas

MÉDIA()	
O que faz:	Calcula a média aritmética de um intervalo.
Quando usar:	Quando precisar calcular a média de salários ou a média das notas de alunos, por exemplo.
Estrutura (sintaxe):	=*MÉDIA([intervalo1]; [intervalo2]; [intervalo x])*
Exemplos:	=*MÉDIA(B2:D2)* "média usando um único intervalo" =*MÉDIA(B2:D2 ; B4:D4)* "média usando mais de um intervalo"

MÉDIASE()	
O que faz:	Efetua uma média, condicionando o resultado a alguma informação (critério).
Quando usar:	Quando quiser efetuar uma média de dados de um intervalo, considerando apenas os elementos que corresponderem a um critério.
Estrutura (sintaxe):	=MÉDIASE([intervalo critérios]; [critério]; [intervalo média])
Exemplos:	=MÉDIASE(A3:A5 ; "caneta" ; B3:B5) "digitando o critério diretamente na função". =MÉDIASE(A3:A5 ; D7 ; B3:B5) "usando referência para estabelecer os critérios". =MÉDIASE(B3:B5 ; D7) "usando o intervalo de média = intervalo de critérios".
Pontos de Atenção:	O intervalo de critérios deve ter a mesma quantidade de células do intervalo de média. Se aquele for o mesmo do intervalo de média, pode-se omitir o terceiro parâmetro.

MÁXIMO()	
O que faz:	Encontra o valor máximo (primeiro maior valor) de um intervalo.
Quando usar:	Quando precisar identificar o valor máximo de um intervalo, por exemplo: o maior valor de vendas ou a maior nota em uma lista de valores.
Estrutura (sintaxe):	=MÁXIMO([intervalo1]; [intervalo2]; [intervalo x])
Exemplos:	=MÁXIMO(A3:A5) "procurando o valor máximo em um intervalo". =MÁXIMO(A3 ; A5 ; D7 ; E7) "procurando o valor máximo em células não adjacentes". =MÁXIMO(B3:B5 ; D2:D4) "procurando o valor máximo em intervalos não adjacentes".
Pontos de atenção:	Ao usar mais de um intervalo, não há necessidade de terem o mesmo tamanho. Não confundir com a função MAIOR().

MÍNIMO()	
O que faz:	Encontra o valor mínimo (primeiro menor valor) de um intervalo.
Quando usar:	Quando precisar identificar o valor mínimo de um intervalo, por exemplo: o menor valor de vendas ou a menor nota em uma lista de valores.
Estrutura (sintaxe):	=MÍNIMO([intervalo1]; [intervalo2]; [intervalo x])
Exemplos:	=MÍNIMO(A3:A5) "procurando o valor mínimo em um intervalo". =MÍNIMO(A3 ; A5 ; D7 ; E7) "procurando o valor mínimo em células não adjacentes". =MÍNIMO(B3:B5 ; D2:D4) "procurando o valor mínimo em intervalos não adjacentes".
Pontos de atenção:	Ao usar mais de um intervalo, não há necessidade de terem o mesmo tamanho. Não confundir com a função MENOR().

MAIOR()	
O que faz:	Encontra o *n-ésimo* maior valor em um intervalo.
Quando usar:	Quando precisar identificar um valor que seja o segundo maior, ou o terceiro maior, ou o *n-ésimo* maior valor em uma matriz.
Estrutura (sintaxe):	=MAIOR([matriz]; [n])
Exemplos:	=MAIOR(A3:A15 ; 2) "procurando o segundo maior valor do intervalo A3:A15". =MAIOR(A3:A15 ; 5) "procurando o quinto maior valor do intervalo A3:A15".
Pontos de atenção:	Para procurar o *primeiro* maior valor, pode-se usar a função MÁXIMO().

MENOR()	
O que faz:	Encontra o *n-ésimo* menor valor em um intervalo.
Quando usar:	Quando precisar identificar um valor que seja o segundo menor, ou o terceiro menor, ou o *n-ésimo* menor valor em uma matriz.

Estrutura (sintaxe):	=MENOR([matriz]; [n])
Exemplos:	=MENOR(A3:A15 ; 2) "procurando o segundo menor valor do intervalo A3:A15". =MENOR(A3:A15 ; 5) "procurando o quinto menor valor do intervalo A3:A15".
Pontos de atenção:	Para procurar o *primeiro* menor valor, pode-se usar a função *MÍNIMO()*.

CONT.VALORES()	
O que faz:	Conta o número de células que não estão vazias em um conjunto de células.
Quando usar:	Quando quiser fazer uma contagem de elementos em um ou mais intervalos. Por exemplo: saber a quantidade de funcionários em um cadastro ou quantidade de alunos que fizeram uma determinada prova.
Estrutura (sintaxe):	=CONT.VALORES([intervalo1]; [intervalo2]; [intervalo x])
Exemplos:	=CONT.VALORES(A3:A5) "contando células não vazias em um intervalo". =CONT.VALORES(A3 ; A5 ; D7 ; E7) "contando células não vazias em células não adjacentes". =CONT.VALORES(B3:B5 ; D2:D4) "contando células não vazias em intervalos não adjacentes".
Pontos de atenção:	Existem outras funções de contagem, entre outras: *CONTAR.VAZIO(), CONT.SE(), CONT.NÚM()*.

CONTAR.VAZIO()	
O que faz:	Conta o número de células *vazias* em um conjunto de células.
Quando usar:	Quando quiser fazer uma contagem de informações que ainda precisam ser preenchidas, por exemplo, pode ser útil usar essa função.
Estrutura (sintaxe):	=CONTAR.VAZIO([intervalo contagem])

Capítulo Bônus – Dicas e consulta rápida – 211

Exemplos:	=CONTAR.VAZIO(A3:A5) "contando células vazias em um intervalo".
Pontos de atenção:	A função CONTAR.VAZIO() não aceita mais de um intervalo. Existem outras funções de contagem, entre outras: CONT.VALORES(), CONT.SE(), CONT.NÚM().

CONT.SE()	
O que faz:	Conta o número de células de um intervalo que correspondem a um determinado critério.
Quando usar:	Quando quiser efetuar uma contagem de células de um intervalo em relação a uma condição. Por exemplo: verificar quantas vezes um nome aparece em uma lista de clientes, quantos clientes moram em uma determinada cidade ou quantas notas de aluno são maiores que 7,5.
Estrutura (sintaxe):	=CONT.SE([intervalo contagem] ; [condição])
Exemplos:	=CONT.SE(B3:B15 ; "Roberto") "contando quantas células contém o nome Roberto". =CONT.SE(B3:B15 ; "> 7,5") "contando quantas células contém valores maiores que 7,5". =CONT.SE(B3:B15 ; "*São Paulo*") "contando quantas células contém o texto São Paulo, mesmo que tenha outras coisas escritas".

Funções de pesquisa e referência

PROCV()	
O que faz:	Procura um valor em uma matriz e retorna o próprio valor ou um valor relacionado. (Procura vertical)
Quando usar:	Quando houver necessidade de buscar valores relacionados em uma matriz, por exemplo, buscar a nota final do aluno chamado Roberto, em uma matriz com as notas dos alunos.
Estrutura (sintaxe):	=PROCV([valor procurado]; [matriz]; [colunas]; [correspondência aproximada])

Exemplos:	*=PROCV("Roberto"; A2:C15; 1 ; FALSO)* "verificando a existência do nome Roberto no intervalo *A2:C15*. Se o nome existir, retorna o próprio nome, senão retorna erro.
	=PROCV("Roberto"; A2:C15; 2 ; FALSO) "procurando o nome Roberto (correspondência exata) e retornando o valor que estiver uma coluna à direita, na mesma linha em que o nome for encontrado (quando o índice é *1*, a coluna retornada é o próprio valor)".
	=PROCV(10; A2:C15; 2 ; FALSO) "procurando o número *10* (correspondência exata) e retornando o valor que estiver uma coluna à direita, na mesma linha em que o número for encontrado. Se não houver o número *10*, será devolvido um erro: *#N/D*".
	=PROCV(10; A2:C15; 2 ; VERDADEIRO) "procurando o número *10* (correspondência aproximada) e retornando o valor que estiver uma coluna à direita, na mesma linha em que o número for encontrado. Se não houver o número *10*, será considerada a correspondência aproximada".
Pontos de atenção:	O *[valor procurado]* deve ser idêntico ao valor que está na *[matriz]* e deve estar na *primeira coluna* da matriz. Use a correspondência aproximada apenas com a procura de valores *numéricos* e mantenha a coluna de procura (primeira coluna) em ordem crescente. A função *PROCH()* efetua uma procura semelhante, porém procurando nas colunas e retornando o valor nas linhas (procura horizontal).

ÍNDICE()	
O que faz:	Retorna o valor da célula posicionada em uma determinada linha, coluna de uma matriz (intervalo).
Quando usar:	Quando desejar retornar um valor que esteja posicionado em uma determinada linha, coluna de um intervalo. Por exemplo, retornar à segunda nota do aluno que estiver na linha *3*.
Estrutura (sintaxe):	*=ÍNDICE([intervalo] ; [linha] ; [coluna])*
Exemplos:	*=ÍNDICE(B3:D15 ; 3 ; 3)* "retornando o valor que estiver na terceira linha e na terceira coluna do intervalo *B3:D15*. Neste caso será retornado o valor da célula *D5*".
Pontos de atenção:	A função índice é bem indicada para usar em conjunto com outras funções para não ficar com um *retorno fixo*.

CORRESP()	
O que faz:	Retorna a posição relativa de um item em uma lista de itens (intervalo), que deve estar em uma única linha ou em uma única coluna.
Quando usar:	Quando precisar saber em qual posição um item está localizado, por exemplo: em qual linha está o nome do aluno *Roberto* ou em qual coluna está o nome da cidade de São Paulo.
Estrutura (sintaxe):	=CORRESP([valor procurado] ; [matriz] ; [tipo de procura])
Exemplos:	=CORRESP("Roberto" ; A3:A15 ; 0) "procurando em qual linha está o nome do aluno *Roberto* na coluna A, no intervalo A3:A15. Retorna a posição do nome no intervalo (por exemplo: 3 = está na terceira linha do intervalo, nesse caso estaria em A5)".
	=CORRESP("São Paulo" ; B3:F3 ; 0) "procurando em qual coluna está o nome da cidade de *São Paulo* na linha 3, no intervalo B3:F3. Retorna a posição da cidade no intervalo (por exemplo: 3 = está na terceira coluna a partir do início do intervalo, neste caso seria D3)".
	=CORRESP(100 ; A3:A15 ; -1) "procurando o número *100* (ou um número maior mais próximo de *100*), no intervalo A3:A15".
	=CORRESP(100 ; A3:A15 ; +1) "procurando o número *100* (ou um número menor mais próximo de 100), no intervalo A3:A15".
Pontos de atenção:	A função CORRESP() é muito indicada para achar a linha ou a coluna (ou mesmo os dois) para usar com uma função ÍNDICE().

Funções de lógica

SE()	
O que faz:	Baseado em um teste lógico, retorna um valor, em caso de *verdadeiro*, e outro valor, em caso de *falso*.
Quando usar:	Sempre que precisar decidir por uma dentre duas respostas possíveis, baseadas em um teste lógico *(resposta como sim/não para uma pergunta sobre uma condição conhecida)*. Por exemplo: responder *aprovado* se uma nota for maior ou igual a *7,0* ou *reprovado* caso seja menor.
Estrutura (sintaxe):	=SE([teste lógico] ; [resposta se verdadeiro] ; [resposta se falso])

Exemplos:	=SE(B3>=7 ; "aprovado" ; "reprovado") "retorna *aprovado* quando *B3* for maior ou igual a *7* e *reprovado* quando *B3* for menor que *7*".
	=SE(B3<7 ; "reprovado" ; "aprovado") "essa função é igual a anterior, porém com a condição invertida. Observe que a ordem das respostas deve estar de acordo com o teste lógico que for feito".
Pontos de atenção:	A função *SE()* pode ser usada de forma combinada com outras funções ou com a própria função *SE()* para alternar entre mais de duas respostas. No Excel 2019 foi inserida a função *SES()* para trabalhar com várias condições, mas ainda é pouco usada por ter menos profissionais que a conheçam.

SES()	
O que faz:	Função nova do Excel 2019 que serve para utilizar várias condições em uma função *SE()*.
Quando usar:	Sempre que for necessário *aninhar* mais de uma função *SE()* (colocar uma função dentro da outra), o profissional poderá substituir por *SES()* para facilitar o uso e a leitura da função.
Estrutura (sintaxe):	=SES([teste1] ; [verdadeiro1] ; [teste2] ; [verdadeiro2] ; [teste n] ; [verdadeiro n])
Exemplos:	=SE(B3>=9 ; "aprovado com louvor" ; B3>=7 ; "aprovado" ; verdadeiro ; "reprovado") "retorna *aprovado com louvor* para notas maiores que *9*, *aprovado* para notas maiores ou iguais a *7* e *reprovado* para notas menores que *7*".
Pontos de atenção:	Observe que as condições são testadas na sequência, ao criar a segunda condição, considere que a primeira foi avaliada como *falsa* e assim por diante. Para criar uma condição final (*semelhante a, caso contrário*), use a condição *verdadeiro*. O Excel entenderá que sempre deve entrar nessa condição, caso nenhuma das anteriores seja verdadeira.

SEERRO()	
O que faz:	Devolve uma resposta *amigável* caso uma fórmula ou função (usada como condição) gere qualquer erro.
Quando usar:	Quando uma fórmula ou função tiver probabilidade de retornar um erro que confunda o usuário da planilha.

Estrutura (sintaxe):	=SEERRO([fórmula ou função] ; [resposta em caso de erro])
Exemplos:	=SEERRO(B3/B4 ; "Célula B4 não pode ser 0 (zero)") "retorna uma mensagem caso a célula *B4* seja igual a *0* (zero), em vez de mostrar o erro do Excel #DIV/0!".
Pontos de atenção:	A função *SEERRO()* sempre será usada em combinação com uma outra fórmula ou função. Caso queira devolver uma resposta baseada em uma condição que não seja o erro em uma fórmula ou função, use a *SE()* ou a *SES()*.

Outras funções importantes

Essas são apenas algumas das centenas de funções que o Excel 2019 tem disponíveis. As funções são parte muito importante do uso de planilhas, porém são exploradas com mais detalhes nos livros e cursos de Excel Avançado.

TECLAS DE ATALHO

Para cada atividade, existem recursos do Excel 2019 que são mais importantes, de modo que cada profissional fará um uso um pouco diferente das planilhas. Enquanto alguns vão usar mais gráficos para resumir os dados, outros farão planilhas com mais funções porque precisam de mais interação. Do mesmo modo, cada profissional vai precisar de mais agilidade em um tipo específico de trabalho e é por isso que adicionamos aqui algumas *teclas de atalho* que podem te ajudar a executar seu trabalho diário com mais rapidez. Escolha aquelas que te ajudarão mais no dia a dia e deixe à mão para acelerar seu trabalho.

Teclas de função

Tecla	Descrição
F1	*F1 apenas: exibe o painel de tarefas Ajuda do Excel.*
	Ctrl+F1: exibe ou oculta a Faixa de Opções.
	Alt+F1: cria um gráfico inserido dos dados no intervalo atual.
	Alt+Shift+F1: insere uma nova planilha.
F2	*F2 apenas: edita a célula ativa e coloca o ponto de inserção no final do conteúdo.*
	Shift+F2: adiciona ou edita um comentário de célula.
	Ctrl+F2: exibe a área de visualização de impressão.

F3	F3 apenas: exibe a caixa de diálogo Colar Nome.
	Shift+F3: exibe a caixa de diálogo Inserir Função.
F4	F4 apenas: repete o último comando ou ação, se possível.
	Ctrl+F4: fecha a janela da pasta de trabalho selecionada.
	Alt+F4: fecha o Excel.
F5	F5 apenas: exibe a caixa de diálogo Ir para.
	Ctrl+F5: restaura o tamanho da janela da pasta de trabalho selecionada.
F6	F6 apenas: alterna entre a planilha, a Faixa de Opções, o painel de tarefas e os controles de zoom.
	Ctrl+F6: alterna para a próxima janela da pasta de trabalho.
F7	F7 apenas: abre a caixa de diálogo Verificar Ortografia.
F8	F8 apenas: ativa ou desativa o modo estendido.
	Shift+F8: permite adicionar uma célula não adjacente ou um intervalo.
	Alt+F8: exibe a caixa de diálogo Macro.
F9	F9 apenas: calcula todas as planilhas em todas as pastas de trabalho abertas.
	Shift+F9: calcula a planilha ativa.
	Ctrl+F9: minimiza a janela da pasta de trabalho para um ícone.
F10	F10 apenas: habilita ou desabilita as dicas de teclas.
	Shift+F10: exibe o menu de atalho de item selecionado.
	Ctrl+F10: maximiza ou restaura a janela da pasta de trabalho selecionada.
F11	F11 apenas: cria um gráfico do intervalo atual em uma folha de Gráfico.
	Shift+F11: insere uma nova planilha.
	Alt+F11: abre o Editor do Microsoft Visual Basic for Applications.
F12	F12 apenas: exibe a caixa de diálogo Salvar como.

Atalhos para mover-se pela planilha e/ou selecionar

Tecla	Descrição
Seta para cima	Mover uma célula para cima em uma planilha.
Seta para baixo	Mover uma célula para baixo em uma planilha.

Seta para esquerda	Mover uma célula para a esquerda em uma planilha.
Seta para direita	Mover uma célula para a direita em uma planilha.
CTRL + Tecla Direção	Mover para a borda do intervalo de dados atual.
CTRL + END	Mover para a última célula usada de uma planilha.
CTRL + SHIFT + END	Selecionar até a última célula de uma planilha.
CTRL + HOME	Mover para a primeira célula usada de uma planilha.
CTRL + SHIFT + HOME	Selecionar até a primeira célula de uma planilha.
Page Down	Mover para a tela de baixo da planilha.
SHIFT + Page Down	Mover para a tela de baixo da planilha, selecionando a coluna.
CTRL + Page Down	Mover para a próxima planilha da pasta de trabalho.
ALT + Page Down	Mover para a tela da direita da planilha.
Page Up	Mover para a tela de cima da planilha.
SHIFT + Page Up	Mover para a tela de cima da planilha, selecionando a coluna.
CTRL + Page Up	Mover para a planilha anterior da pasta de trabalho.
ALT + Page Up	Mover para a tela da esquerda da planilha.
CTRL + Barra de Espaços	Selecionar uma coluna inteira.
SHIFT + Barra de Espaços	Selecionar uma linha inteira.
CTRL + T	Selecionar a planilha inteira.

Atalhos de formatação

Tecla	Descrição
CTRL + 1	Abrir a caixa de diálogo *formatar célula*.
CTRL + ;	Inserir a data atual na célula selecionada.
CTRL + C	Copiar os dados do intervalo selecionado.
CTRL + X	Recortar os dados do intervalo selecionado.

CTRL + V	Colar os dados do intervalo selecionado.
CTRL + ALT + V	Abrir a caixa de diálogo *colar especial.*
CTRL + I	Formatar a fonte como *itálico.*
CTRL + N	Formatar a fonte como *negrito.*
CTRL + S	Formatar a fonte como <u>*sublinhado.*</u>
CTRL + 5	Formatar a fonte como ~~tachado.~~

Anotações

Resolução dos exercícios propostos

Capítulo 1

Exercício 1

Resolução do exercício:

1. Abra uma nova planilha na pasta de trabalho *Capítulo 1 – Exemplos Didáticos.xlsx.*
2. Na célula *B3* digite *SP Litoral.*
3. Selecione a célula *C3.*
4. Na *Barra de Fórmulas*, digite a seguinte função:

=PROCV(B3;'Entregas por CEP'!$D$2:$E$95;2;0).

	A	B	C	D	E	F
1	Cidade	Estado	Região Brasil	Região CORREIO	Faixa de CEP	Preço
2	São Paulo	SP	Sudeste	SP Capital	1000000 a 5999999	
3	São Paulo	SP	Sudeste	SP Capital	8000000 a 8499999	
4	São Paulo	SP	Sudeste	SP Área Metropolitana	6000000 a 9999999	R$ 18,00
5	São Paulo	SP	Sudeste	SP Litoral	11000000 a 11999999	
6	São Paulo	SP	Sudeste	SP Interior	12000000 a 19999999	
7	São Paulo	SP	Sudeste	SP Espectro	1000000 a 19999999	
8	Rio de Janeiro	RJ	Sudeste	RJ Capital	20000000 a 23799999	
9	Rio de Janeiro	RJ	Sudeste	RJ Área Metropolitana	20000000 a 26600999	R$ 19,50
10	Rio de Janeiro	RJ	Sudeste	RJ Interior	26601000 a 28999999	
11	Rio de Janeiro	RJ	Sudeste	RJ Espectro	20000000 a 28999999	
12	Vitória	ES	Sudeste	Vitória	29000 a 29099999	
13	Vitória	ES	Sudeste	ES Interior	29100000 a 29999999	R$ 19,95
14	Vitória	ES	Sudeste	ES Espectro	29000000 a 29999999	
15	Belo Horizonte	MG	Sudeste	Belo Horizonte	30000000 a 31999999	
16	Belo Horizonte	MG	Sudeste	MG Região Metropolitana	30000000 a 34999999	R$ 20,40
17	Belo Horizonte	MG	Sudeste	MG Interior	35000000 a 39999999	
18	Belo Horizonte	MG	Sudeste	MG Espectro	30000000 a 39999999	

1. O resultado é a *Faixa de CEP 11000000 a 11999999.*

Exercício 2

Resolução do exercício:

Observamos que para a *Região CORREIO SP* existem duas faixas de CEP com SP capital, ou seja, encontramos duas linhas cujo valor na tabela é *SP Capital*. Em casos como esse, percebemos uma limitação na função *PROCV*, pois ela retorna no valor encontrado na *primeira linha* da região da busca.

Exercício 3

Resolução do exercício:

Como fizemos uma busca de texto por *correspondência exata*, a falta do acento em *area* não permite que a *PROCV* encontre um valor, sendo, portanto, *#N/D* o resultado.

Capítulo 2

Exercício 1

Resolução do exercício:

1. Abra a pasta de trabalho *Capítulo 2 – Exemplos Didáticos.xlsx*.
2. Selecione a planilha *Comparação PROCX*.
3. Na célula *G2* digite *2* (peso em gramas).
4. Na célula *H2* crie uma *PROCV* para achar o valor correspondente.
5. Digite *=PROCV(G2;$B$2:$E$12;4)*.
6. Verifique o resultado da função *R$ 2,05*.
7. Agora substitua a *PROCV* por uma *PROCX*.
8. Digite *=PROCX(G2;$B$2:$B$12;$E$2:$E$12;;-1)*.
9. Verifique o resultado da função *R$ 2,05*.

> **OBSERVE**: Ao comparar as duas funções, embora algumas pessoas possam estar ainda mais acostumadas à *PROCV*, o uso da *PROCX* é um pouco mais intuitivo e não requer que você saiba *quantas colunas* deslocar para encontrar o resultado. Além disso, já estão incorporadas várias opções novas que eram problemas na *PROCV*.

Exercício 2

Resolução do exercício:

1. Na célula *G2* digite *0* (peso em gramas).
2. Na célula *H2* crie uma *PROCV* para achar o valor correspondente com tratamento de erro.
3. Digite *=SEERRO(PROCV(G2; B2:E12;4.;Valor não Encontrado!")*.
4. Verifique o resultado da função *Valor não Encontrado!*
5. Agora substitua a *PROCV* por uma *PROCX*.
6. Digite *=PROCX(G2;B2:B12;E2:E12;" Valor não Encontrado!";-1)*.
7. Verifique o resultado da função *Valor não Encontrado!*

OBSERVE: É muito comum a necessidade de se fazer tratamento de erro em funções de busca, e a função *SEERRO* é muito interessante para esse fim. Como a *PROCV* é uma função mais antiga, ainda não possuía o mecanismo de tratamento de erros *embutido* nela. Já a função *PROCX*, que é mais moderna, possui esse mecanismo já incorporado e não há mais necessidade do uso da função *SEERRO*.

Exercício 3

Resolução do exercício:

1. Exclua as duas primeiras colunas *A* e *B*.
2. Ajuste o título da coluna *A* e o rótulo da coluna *B* de modo que a planilha fique conforme o modelo.

	A	B	C	D	E	F	G	H
1		Faixas de Peso (g)			Preço (R$)		Peso em (g)	Preço (R$)
2	Desde	1	até	20	R$ 2,05		2	R$ 2,05
3	Mais de	20	até	50	R$ 2,85			
4	Mais de	50	até	100	R$ 3,95			
5	Mais de	100	até	150	R$ 4,80			
6	Mais de	150	até	200	R$ 5,65			
7	Mais de	200	até	250	R$ 6,55			
8	Mais de	250	até	300	R$ 7,50			
9	Mais de	300	até	350	R$ 8,35			
10	Mais de	350	até	400	R$ 9,25			
11	Mais de	400	até	450	R$ 10,10			
12	Mais de	450	até	500	R$ 11,00			

3. Na célula *E2* digite *19* (peso em gramas).
4. Observe que o peso é *menor que o limite* máximo da primeira faixa.
5. Na célula *F2* crie uma *PROCV* para achar o valor aproximado.
6. Digite =*PROCV(E2; $B$2:$C$12; 2; VERDADEIRO)*.
7. Verifique o resultado da função *#N/D*.
8. Agora altere o peso para *25*.
9. Verifique o resultado da função *2,05*.
10. Ou seja, a *PROCV* não está retornando o valor desejado.
11. Agora, retorne o peso para *19* e substitua a *PROCV* por uma *PROCX*.
12. Digite =*PROCX(E2; $B$2:$B$12; $C$2:$C$12; ;1*.
13. Verifique o resultado da função *2,05*.
14. Observe que a *PROCX* foi capaz de retornar o resultado correto para a pesquisa.

15. Agora altere o peso para *25*.

16. Verifique o resultado da função *2,85*.

17. Isso significa que apenas ajustando o *modo de correspondência* a *PROCX* foi capaz de se adequar à planilha e não foi necessário mudar esta para que ela funcionasse.

> **OBSERVE**: O modo de correspondência da *PROCX* é mais aprimorado e permite que a função se adeque a diferentes planilhas, sendo que a *PROCV* muitas vezes necessitava de alterações na planilha para conseguir retornar o valor esperado.

Capítulo 3

Exercício 1 – Funções financeiras

Resolução do exercício.

1. Para resolução, observe as informações dadas no enunciado: O *Valor Presente* é o da retirada *R$ 24.278,43* e o Valor *Futuro*, o do pagamento que ocorrerá após *20* meses (*Nper*).
2. Como a taxa é desconhecida, usaremos a *Função Taxa*:

=TAXA(Nper;Pagto;VP;VF)

3. Em *D3* vamos digitar a fórmula mencionada substituindo os valores.
4. Observe que, como o Valor Presente está positivo, o Valor Futuro será negativo: *VP = A3, VF = C3 e Nper = B3*.
5. Não haverá pagamento nessa operação. Logo, no campo pagamento digitamos zero: *Pagto = 0*.

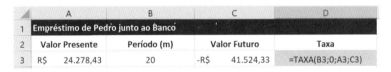

6. A taxa procurada na operação será de *2,72%* ao mês (período).

Capítulo 4

EXERCÍCIO 1

Resolução do exercício:

1. Quantas vezes alguma das máquinas ficou com produção zerada?

   Utilizaremos a função *CONT.SE* para contar os *zeros*:

=CONT.SE(E4:E19;"=0").

Observe que o critério "é igual a zero" pode ser informado diretamente na fórmula, porém entre aspas, e que essa função é diferente da *CONT.VAZIO*, que poderia ser usada, caso as células que contêm o número *0* estivessem vazias (ou seja, não esqueça que *0* é um valor).

2. Quantas vezes a produção superou o nível esperado de 200 produtos?

=CONT.SE(E4:E19;">200".

3. Quantas vezes a produção ficou abaixo da média (desconsiderando a produção zerada.?

=MÉDIASE(E4:E19;">0").

Encontramos a produção média no valor *156*.

Para calcular quantas vezes a produção ficou acima dessa média, vamos utilizar a função *CONT.SE* da seguinte forma:

=CONT.SE(E2:E19;"<156").

Esse método de cálculo *por partes* pode, porém, gerar erros quando houver alteração dos dados da planilha. Assim, para garantir o funcionamento correto da função, seria melhor usar a referência à célula que contém a primeira função, por exemplo:

=CONT.SE(E4:E19;"<"&K6).

Respondendo para a equipe de produção que:

- A produção ficou zerada por problemas de equipamento *três vezes*;
- A produção ficou acima do nível ideal *duas vezes*;
- A produção ficou abaixo da média por *onze vezes*.

Exercício 2

Resolução do exercício:

1. Produção máxima máquina 1:

=MÁXIMOSES(E4:E19;B4:B19;"1").

2. Produção máxima máquina 2:

MÁXIMOSES(E4:E19;B4:B19;"2").

3. Produção mínima máquina 1:

=MÍNIMOSES(E4:E19;B4:B19;"1").

4. Produção mínima máquina 2:

MÍNIMOSES(E4:E19;B4:B19;"2").

O quadro do resultado para a equipe de produção ficou assim:

Capítulo 5

Exercício 1

Resolução do exercício:

Para trabalhar com as funções de banco de dados, vamos montar a estrutura com os critérios, variando-os para cada uma das perguntas:

Máquina	Quantidade	Produção Parada
	0	3

Máquina	Quantidade	Acima 200 Produtos
	>200	2

Máquina	Quantidade	Média Produção
	>0	156,08

Máquina	Quantidade	Abaixo da Média
	<156,076923076923	11

1. Quantas vezes alguma das máquinas ficou com a produção zerada?

Utilizaremos a função *BDCONTAR* para contar os *zeros*:

=BDCONTAR($B$3:$H$19;$E$3;J3:K4).

2. Quantas vezes a produção superou o nível esperado de duzentos produtos?

=BDCONTAR($B$3:$H$19;$E$3;J6:K7).

3. Quantas vezes a produção ficou abaixo da média (desconsiderando a produção zerada.?

=BDMÉDIA($B$3:$H$19;$E$3;J9:K10).

Encontramos a produção média no valor *156*.

Para calcular quantas vezes a produção ficou acima dessa média, vamos utilizar uma fórmula de texto para criar o critério em *K13*.

="<"&L10

O operador & funciona da mesma forma que a função CONCAT, ou seja, essa fórmula é equivalente a função: =CONCAT("<";L10).

Após criar o critério corretamente, podemos simplesmente criar a função de banco de dados como já conhecemos.

=BDCONTAR($B$3:$H$19;$E$3;J12:K13).

Respondendo para a Equipe de Produção que a produção ficou:

- zerada por problemas de equipamento *3 vezes*;
- acima do nível ideal *2 vezes*;
- abaixo da média por *11 vezes*.

Capítulo 6

Exercício 1

Resolução do Exercício:

O primeiro passo é verificar se é possível usar uma consulta já existente para acelerar o trabalho de criação da outra consulta. Como esta é muito parecida com a consulta de produtos, porém com uma restrição de campo, mostraremos como criar outra a partir da existente:

1. Abra a planilha *Capítulo 6 – Exemplos Didáticos.xlsx*.

2. Selecione a planilha que contém a consulta de produtos.
3. Coloque a célula ativa em cima da tabela da consulta de produtos.
4. Na guia *Consulta*, clique em *Duplicar*.

5. O Excel abrirá o editor do *Power Query*.
6. Na coluna *Cor*, deixe marcada apenas a opção *Palha*.

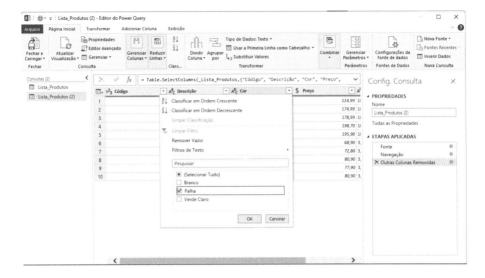

7. Clique em *OK* para filtrar apenas pela cor *Palha*, mas antes de fechar o editor troque o nome da consulta para *Cor_Palha*.

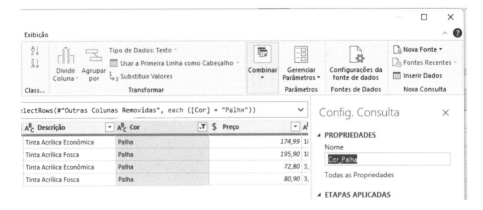

8. Agora clique em *Fechar e Carregar*.

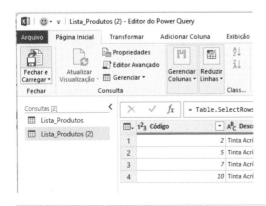

9. Observe que o Excel criará automaticamente uma planilha para acomodar a consulta criada.

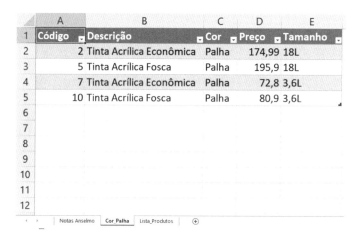

10. Salve a planilha!

Exercício 2

Resolução do Exercício:

Siga os mesmos passos do exercício 1, começando pela seleção da consulta de produtos, porém, em vez de selecionar a cor *Palha*, indique que o campo a ser filtrado é o *Preço*.

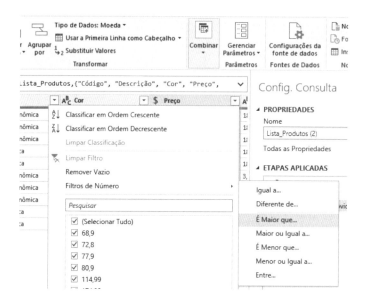

Utilize o *Filtro de Número* do tipo *É Maior que*.... O Excel abrirá uma janela para colocar o filtro exato.

Use o filtro básico para indicar que o preço deve ser maior que *100*. Novamente o Excel criará uma planilha para acomodar a nova consulta!

Capítulo 7

Exercício 1

Resolução do exercício:

Utilize a planilha do capítulo 6, "Trabalhando com dados", para fazer os exercícios deste capítulo.

1. Abrir a planilha *Capítulo 6 – Exemplos Didáticos.xlsx* (a planilha *Capítulo 7 – Exercícios Resolvidos.xlsx* contém o exercício já resolvido.
2. Insira uma *Tabela Dinâmica* baseada na consulta *Lista_Produtos*.
3. Selecione os campos *Descrição*, *Cor* e *Preço*.
4. A versão inicial da *Tabela Dinâmica* deve estar parecida com a imagem seguinte:

5. No *Seletor de Campos* da *Tabela Dinâmica*, mude o campo *Tamanho* para *Coluna*.

6. Na guia *Design* da *Tabela Dinâmica*, escolha *Não Mostrar Subtotais* para deixar a Tabela Dinâmica mais *limpa*.

7. Em seguida, desmarque a opção *Cabeçalhos de Linha* para tirar o destaque desses campos.

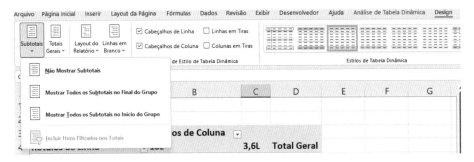

8. Na mesma guia, escolha *Inserir Linha em Branco após Cada Item* para deixar as informações mais facilmente visíveis.

9. Na célula *A4* que contém *Rótulos de Linha*, clique no filtro para selecionar apenas a cor *Palha*.

10. Observe que existe um campo para escolher sobre qual campo incidirá o filtro. Escolha a cor, antes de configurar o filtro.

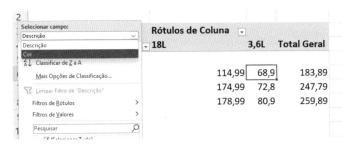

11. Em seguida, escolha *filtrar* apenas pela cor *Palha*.

12. Depois, aplique o formato moeda na região onde estão os valores.

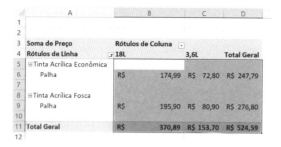

13. Caso não queira ficar redimensionando as colunas novamente a cada mudança, lembre-se de escolher *Opções*.

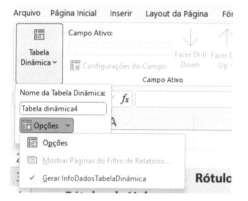

14. E, em seguida, desmarque a opção *Ajustar automaticamente a largura das colunas ao atualizar*.

15. Isso manterá as colunas fixas, mesmo quando forem feitas alterações.

Capítulo 8

Exercício 1

Resolução do exercício:

Utilize a planilha *Capítulo 8 – Exemplos Didáticos.xlsx* para fazer esse exercício *(a planilha Capítulo 8 – Exercícios Resolvidos.xlsx contém o exercício já resolvido)*.

1. O primeiro passo é alterar o tipo de gráfico de *Coluna Agrupada* para *Coluna Empilhada*.
2. Clique sobre o gráfico que desejamos alterar.
3. Na guia *Design*, escolha *Alterar Tipo do Gráfico*.
4. Em seguida, altere o tipo de gráfico para *Colunas Empilhadas*.

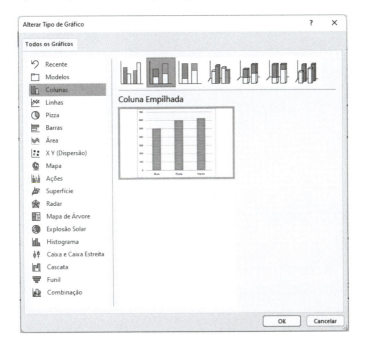

5. Ao clicar em *Ok*, percebe-se que não houve alteração. Isso acontece porque a *Tabela Dinâmica* não inclui os dados da *Vendedora*.
6. Altere a tabela de origem, incluindo o campo *Vendedora*.
7. Observe que a *Tabela Dinâmica* está oculta, porém não há necessidade de reexibir a planilha, já que o seletor de campos também está relacionado ao gráfico.

8. Na guia *Gráfico Dinâmico*, clique na opção *Lista de Campos* para reexibir o seletor de campos relacionado ao gráfico.

9. No *Seletor de Campos*, escolha os dados de *Vendedora*.

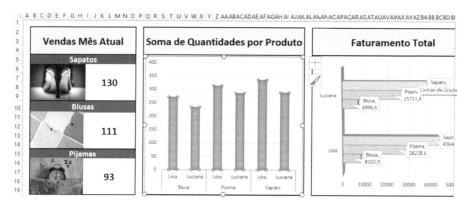

10. Observe que os dados aparecem em *barras laterais*, e não *empilhadas*, como gostaríamos.

11. Altere a distribuição dos campos, movendo o campo *Vendedora* para o quadrante *Legenda (Série)*.

12. Com essa alteração, o gráfico automaticamente já está no formato de *Colunas Empilhadas*.

13. Agora, o último passo é ajustar os rótulos de dados para deixar claro de qual vendedora são os dados.

14. Na guia *Design*, use *Adicionar Elemento de Gráfico* para colocar os rótulos de dados.

15. Use a opção *Mais Opções de Rótulo de Dados* se quiser adicionar *o nome da vendedora* nos rótulos de dados.

16. Observe que é preciso fazer cada um dos intervalos de cada vez. (Portanto, será necessário fazer o procedimento duas vezes.

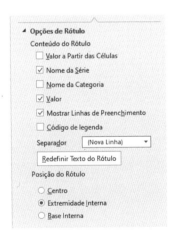

17. Após ajustar os dois rótulos de dados, adeque a fonte, selecionando e usando as opções da guia *Página Inicial*.

18. Pronto!

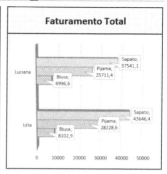

Capítulo 9

Exercício 1
Resolução do exercício:

Tabela de Dados.

Exercício 2
Resolução do exercício:

Atingir Metas.

Exercício 3
Resolução do exercício:

Solver.

Exercício 4
Resolução do exercício:

Gerenciador de Cenários.

Capítulo 10

Exercício 1

Resolução do exercício:

Utilize a planilha *Capítulo 10 – Exemplos Didáticos.xlsx* para fazer esse exercício *(a planilha Capítulo 10 – Exercícios Resolvidos.xlsx contém o exercício já resolvido).*

1. Na planilha *Validação em Lista*, selecione o intervalo em que estão os nomes dos estabelecimentos *F2:F9*.
2. Na guia *Dados*, clique em *Validação de Dados*.
3. Na janela de *Validação de Dados*, escolha: *Comprimento de Texto* e *Máximo 20*.

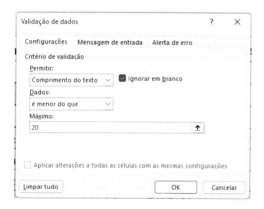

4. Pronto! Não é mais possível digitar nomes maiores que *20*.

Exercício 2

Resolução do exercício:

1. Utilizando a mesma planilha do exercício anterior.
2. Na guia *Dados >> Validação de Dados >> Circular Dados Inválidos.*

Data	Tipo de Gasto	Estabelecimento	Valor
4/10	Almoço	Padaria Uno	R$ 27,80
4/10	Café	Cafeteria Xis	R$ 5,25
4/10	Analgésico	Farmácia da Esquina	R$ 8,50
5/10	Almoço	Churrascaria Boi Bravo	R$ 49,50
5/10	Café	Cafeteria Xis	R$ 6,20
6/10	Almoço	Padaria Uno	R$ 25,30
7/10	Almoço	Padaria Uno	R$ 29,30
7/10	Café	Padaria Uno	R$ 8,30

Capítulo 11

Exercício 1

Resolução do exercício:

O Excel Online não possui suporte à linguagem *VBA*, portanto não é possível utilizar as automações feitas nessa linguagem fora da versão *aplicativo desktop*. Todas as automações criadas na versão instalada no computador ficarão desabilitadas automaticamente na versão on-line.

Exercício 2

Resolução do exercício:

Até a versão 2019, o recurso de criação de formulários pelo editor de Visual Basic não foi disponibilizado para computadores que usem o sistema operacional da Apple (MacOS). Com isso, não é possível desenvolver formulários nesses tipos de computadores ou notebooks.

Exercício 3

Resolução do exercício:

Embora não seja possível usar *VBA*, o Excel Online (para os assinantes do Office 365) possui uma aba chamada *Automatizar* que permite criar scripts de automação. Vale ressaltar que esses scripts não são compatíveis com automações em *VBA*.

Anotações

Sobre o autor

Roberto Sabino é pós-graduado em mercados financeiros pela Universidade Presbiteriana Mackenzie de São Paulo e graduado em tecnologia em processamento de dados pela Faculdade de Tecnologia (Fatec) de São Paulo. É consultor, professor e conteudista especializado em Office e VBA. Tem ampla vivência em projetos de desenvolvimento de sistemas com diversas linguagens, incluindo automações com VBA. Atuou como gestor de projetos, analista de negócios e engenheiro de software em instituições financeiras de grande porte. É entusiasta do uso dos recursos do Microsoft Office como aceleradores de produtividade. Sempre teve na docência uma paixão, tendo atuado como professor em diversas instituições de ensino. Tem como *hobby* inventar novas ferramentas automatizadas com VBA.

Índice geral

A função avançada mais usada: *PROCV* 17

A função de lógica mais usada: *SE* 21

A nova função *PROCX* 33, 34

Aninhando funções 31, 80

As funções de pesquisa e referência mais usadas 29

Atingir Metas 154, 243

Atualizando dados e alterando a *Fonte de Dados* 112

Atualizando o *Dashboard* 144

Automatizando tarefas com *Macro* 179

Avançando no uso de funções (Capítulo 1) 13-26

Capítulo Bônus – Dicas e consulta rápida 205

Cenários 147, 149, 151, 152, 154, 160, 243

Colaboração on-line (Capítulo 12) 193-204

Combinando as funções de estatística 62

Combinando as funções de pesquisa e referência 31

Combinando funções de banco de dados 80

Combinando funções de matemática e finanças 48

Como acessar a versão on-line 196

Como baixar o material da Série Informática 11

Conhecendo o editor do *Power Query* 97

Consultas e conexões 99, 100, 131, 132

Criando formulários no Excel 186

Criando relatórios com *Tabela Dinâmica* 105

Criando *Tabelas Dinâmicas* (Capítulo 7) 103-126

Dicas para o uso de funções 32

Diferenças entre versões: on-line e desktop 197

Editando com colaboração on-line 201

Estrutura do livro 11

Excel 2019, Excel Online ou Excel 365 195

Excel como ferramenta de desenvolvimento profissional 202

Exercício(s) proposto(s) 25, 35, 50, 68, 84, 101, 125, 145, 160, 175, 190, 202

Funções de banco de dados (Capítulo 5) 71-86

Funções de banco de dados mais utilizadas 74

Funções de estatística (Capítulo 4) 53-70

Funções de estatística mais utilizadas 55

Funções de finanças mais utilizadas 45

Funções de matemática e finanças (Capítulo 3) 37-52

Funções de matemática mais utilizadas 39

Funções de pesquisa e referência (Capítulo 2) 27-36

Funções mais utilizadas 207

Gráficos Dinâmicos e *Dashboards* (Capítulo 8) 127-146

Interagindo com um banco de dados Access 95

Macros e formulários (Capítulo 11) 177-192

Montando diferentes tipos de *Validação de Dados* 171

Montando um *Dashboard* 130

O que é a Série Informática 11

O que é *Macro* 179

O que é *Tabela Dinâmica*? 105

O que é um *Dashboard*? 129

O que é um *Gráfico Dinâmico* 129

O que é *Validação de Dados*? 169

Objetivos 13, 27, 37, 53, 71, 87, 103, 127, 147, 163, 177

Obtendo dados de outras fontes 89

PROCV ou *PROCH*? 32, 33

Proteção de planilha e *Validação de Dados* (Capítulo 10) 163-176

Protegendo a Pasta de Trabalho 168

Protegendo a planilha 165

Recapitulando os fundamentos das funções no Excel 15

Resolução dos exercícios propostos 221-246

Segmentação de Dados e *Linhas do Tempo*

Sobre o autor 247

Solver 155

Sumário 5

Tabela de Dados 149-154, 160, 243

Tabelas Dinâmicas relacionadas 116

Teclas de atalho 166, 216

Trabalhando com dados (Capítulo 6) 87-102

Usando banco de dados em Excel 73

Usando Métodos de Previsão (Capítulo 9) 147-162

Usando o OneDrive 199